贝克通识文库

李雪涛 主编

丝绸之路

［德］贺东劢　著

刘学慧　译

北京出版集团

北京出版社

著作权合同登记号：图字 01-2020-0807

DIE SEIDENSTRASSE by Thomas O. Höllmann, 3rd ed.2011 © Verlag C.H.Beck oHG, München 2011

图书在版编目（CIP）数据

丝绸之路 /（德）贺东劢著；刘学慧译 . -- 北京：北京出版社，2025.8

ISBN 978-7-200-16121-2

Ⅰ . ①丝… Ⅱ . ①贺… ②刘… Ⅲ . ①丝绸之路—介绍 Ⅳ . ①K928.6

中国版本图书馆 CIP 数据核字（2021）第 008931 号

总 策 划：高立志　王忠波　　选题策划：王忠波
责任编辑：王忠波　　　　　　责任营销：猫　娘
责任印制：燕雨萌　　　　　　装帧设计：吉　辰

丝绸之路
SICHOU ZHI LU
〔德〕贺东劢　著
刘学慧　译

出　　版　北京出版集团
　　　　　　北京出版社
地　　址　北京北三环中路 6 号
邮　　编　100120
网　　址　www.bph.com.cn
发　　行　北京伦洋图书出版有限公司
印　　刷　北京华联印刷有限公司
开　　本　880 毫米 ×1230 毫米　1/32
印　　张　5.5
字　　数　103 千字
版　　次　2025 年 8 月第 1 版
印　　次　2025 年 8 月第 1 次印刷
书　　号　ISBN 978-7-200-16121-2
定　　价　49.00 元

如有印装质量问题，由本社负责调换
质量监督电话　010-58572393

接续启蒙运动的知识传统
——"贝克通识文库"中文版序

一

我们今天与知识的关系，实际上深植于17—18世纪的启蒙时代。伊曼努尔·康德（Immanuel Kant，1724—1804）于1784年为普通读者写过一篇著名的文章《对这个问题的答复：什么是启蒙?》（*Beantwortung der Frage: Was ist Aufklärung?*），解释了他之所以赋予这个时代以"启蒙"（Aufklärung）的含义：启蒙运动就是人类走出他的未成年状态。不是因为缺乏智力，而是缺乏离开别人的引导去使用智力的决心和勇气! 他借用了古典拉丁文学黄金时代的诗人贺拉斯（Horatius，前65—前8）的一句话：Sapere aude! 呼吁人们要敢于去认识，要有勇气运用自己的智力。[1]启蒙运动者相信由理性发展而来的知识可

---

1 Cf. Immanuel Kant, *Beantwortung der Frage: Was ist Aufklärung?* In: *Berlinische Monatsschrift*, Bd. 4, 1784, Zwölftes Stück, S. 481–494. Hier S. 481. 中文译文另有：(1)"答复这个问题：'什么是启蒙运动?'"见康德著，何兆武译：《历史理性批判文集》，商务印书馆1990年版（2020年第11次印刷本，上面有2004年写的"再版译序"），第23—32页。(2)"回答这个问题：什么是启蒙?"见康德著，李秋零主编：《康德著作全集》（第8卷·1781年之后的论文），中国人民大学出版社2013年版，第39—46页。

以解决人类存在的基本问题，人类历史从此开启了在知识上的启蒙，并进入了现代的发展历程。

　　启蒙思想家们认为，从理性发展而来的科学和艺术的知识，可以改进人类的生活。文艺复兴以来的人文主义、新教改革、新的宇宙观以及科学的方法，也使得17世纪的思想家相信建立在理性基础之上的普遍原则，从而产生了包含自由与平等概念的世界观。以理性、推理和实验为主的方法不仅在科学和数学领域取得了令人瞩目的成就，也催生了在宇宙论、哲学和神学上运用各种逻辑归纳法和演绎法产生出的新理论。约翰·洛克（John Locke，1632—1704）奠定了现代科学认识论的基础，认为经验以及对经验的反省乃是知识进步的来源；伏尔泰（Voltaire，1694—1778）发展了自然神论，主张宗教宽容，提倡尊重人权；康德则在笛卡尔理性主义和培根的经验主义基础之上，将理性哲学区分为纯粹理性与实践理性。至18世纪后期，以德尼·狄德罗（Denis Diderot，1713—1784）、让-雅克·卢梭（Jean-Jacques Rousseau，1712—1778）等人为代表的百科全书派的哲学家，开始致力于编纂《百科全书》（*Encyclopédie*）——人类历史上第一部致力于科学、艺术的现代意义上的综合性百科全书，其条目并非只是"客观"地介绍各种知识，而是在介绍知识的同时，夹叙夹议，议论时政，这些特征正体现了启蒙时代的现代性思维。第一卷开始时有一幅人类知识领域的示意图，这也是第一次从现代科学意义上对所有人类知识进行分类。

　　实际上，今天的知识体系在很大程度上可以追溯到启蒙时代以实证的方式对以往理性知识的系统性整理，而其中最重要的突破包括：卡尔·冯·林奈（Carl von Linné，1707—1778）的动植物分类及命名系统、安托万·洛朗·拉瓦锡（Antoine-Laurent Lavoisier，1743—1794）的化学系统以及测量系统。[1]这些现代科学的分类方法、新发现以及度量方式对其他领域也产生了决定性的影响，并发展出一直延续到今天的各种现代方法，同时为后来的民主化和工业化打下了基础。启蒙运动在18世纪影响了哲学和社会生活的各个知识领域，在哲学、科学、政治、以现代印刷术为主的传媒、医学、伦理学、政治经济学、历史学等领域都有新的突破。如果我们看一下19世纪人类在各个方面的发展的话，知识分类、工业化、科技、医学等，也都与启蒙时代的知识建构相关。[2]

　　由于启蒙思想家们的理想是建立一个以理性为基础的社会，提出以政治自由对抗专制暴君，以信仰自由对抗宗教压迫，以天赋人权来反对君权神授，以法律面前人人平等来反对贵族的等级特权，因此他们采用各民族国家的口语而非书面的拉丁语进行沟通，形成了以现代欧洲语言为主的知识圈，并创

1 Daniel R. Headrick, *When Information Came of Age: Technologies of Knowledge in the Age of Reason and Revolution, 1700-1850.* Oxford University Press, 2000, p. 246.

2 Cf. Jürgen Osterhammel, *Die Verwandlung der Welt: Eine Geschichte des 19. Jahrhunderts.* München: Beck, 2009.

造了一个空前的多语欧洲印刷市场。[1]后来《百科全书》开始发行更便宜的版本，除了知识精英之外，普通人也能够获得。历史学家估计，在法国大革命前，就有两万多册《百科全书》在法国及欧洲其他地区流传，它们成为向大众群体进行启蒙及科学教育的媒介。[2]

　　从知识论上来讲，17世纪以来科学革命的结果使得新的知识体系逐渐取代了传统的亚里士多德的自然哲学以及克劳迪亚斯·盖仑（Claudius Galen，约129—200）的体液学说（Humorism），之前具有相当权威的炼金术和占星术自此失去了权威。到了18世纪，医学已经发展为相对独立的学科，并且逐渐脱离了与基督教的联系："在（当时的）三位外科医生中，就有两位是无神论者。"[3]在地图学方面，库克（James Cook，1728—1779）船长带领船员成为首批登陆澳大利亚东岸和夏威夷群岛的欧洲人，并绘制了有精确经纬度的地图，他以艾萨克·牛顿（Isaac Newton，1643—1727）的宇宙观改变了地理制图工艺及方法，使人们开始以科学而非神话来看待地理。这一时代除了用各式数学投影方法制作的精确地图外，制

1　Cf. Jonathan I. Israel, *Radical Enlightenment: Philosophy and the Making of Modernity 1650-1750.* Oxford University Press, 2001, p. 832.

2　Cf. Robert Darnton, *The Business of Enlightenment: A Publishing History of the Encyclopédie, 1775-1800.* Harvard University Press, 1979, p. 6.

3　Ole Peter Grell, Dr. Andrew Cunningham, *Medicine and Religion in Enlightenment Europe.* Ashgate Publishing, Ltd. , 2007, p. 111.

图学也被应用到了天文学方面。

正是借助于包括《百科全书》、公共图书馆、期刊等传播媒介，启蒙知识得到了迅速的传播，同时也塑造了现代学术的形态以及机构的建制。有意思的是，自启蒙时代出现的现代知识从开始阶段就是以多语的形态展现的：以法语为主，包括了荷兰语、英语、德语、意大利语等，它们共同构成了一个跨越国界的知识社群——文人共和国（Respublica Literaria）。

当代人对于知识的认识依然受启蒙运动的很大影响，例如多语种读者可以参与互动的维基百科（Wikipedia）就是从启蒙的理念而来："我们今天所知的《百科全书》受到18世纪欧洲启蒙运动的强烈影响。维基百科拥有这些根源，其中包括了解和记录世界所有领域的理性动力。"[1]

二

1582年耶稣会传教士利玛窦（Matteo Ricci，1552—1610）来华，标志着明末清初中国第一次规模性地译介西方信仰和科学知识的开始。利玛窦及其修会的其他传教士入华之际，正值欧洲文艺复兴如火如荼进行之时，尽管囿于当时天主教会的意

1　Cf. Phoebe Ayers, Charles Matthews, Ben Yates, *How Wikipedia Works: And How You Can Be a Part of It.* No Starch Press, 2008, p. 35.

识形态，但他们所处的时代与中世纪迥然不同。除了神学知识外，他们译介了天文历算、舆地、水利、火器等原理。利玛窦与徐光启（1562—1633）共同翻译的《几何原本》前六卷有关平面几何的内容，使用的底本是利玛窦在罗马的德国老师克劳（Christopher Klau/Clavius，1538—1612，由于他的德文名字Klau是钉子的意思，故利玛窦称他为"丁先生"）编纂的十五卷本。[1] 克劳是活跃于16—17世纪的天主教耶稣会士，其在数学、天文学等领域建树非凡，并影响了包括伽利略、笛卡尔、莱布尼茨等科学家。曾经跟随伽利略学习过物理学的耶稣会士邓玉函 [Johann(es) Schreck/Terrenz or Terrentius，1576—1630] 在赴中国之前，与当时在欧洲停留的金尼阁（Nicolas Trigault，1577—1628）一道，"收集到不下七百五十七本有关神学的和科学技术的著作；罗马教皇自己也为今天在北京还很著名、当年是耶稣会士图书馆的'北堂'捐助了大部分的书籍"。[2] 其后邓玉函在给伽利略的通信中还不断向其讨教精确计算日食和月食的方法，此外还与中国学者王徵（1571—1644）合作翻译《奇器图说》（1627），并且在医学方面也取得了相当大的成就。邓玉函曾提出过一项规模很大的有关数学、几何

---

1 *Euclides Elementorum Libri XV,* Rom 1574.

2 蔡特尔著，孙静远译：《邓玉函，一位德国科学家、传教士》，载《国际汉学》，2012年第1期，第38—87页，此处见第50页。

学、水力学、音乐、光学和天文学（1629）的技术翻译计划，[1]
由于他的早逝，这一宏大的计划没能得以实现。

在明末清初的一百四十年间，来华的天主教传教士有五百
人左右，他们当中有数学家、天文学家、地理学家、内外科医
生、音乐家、画家、钟表机械专家、珐琅专家、建筑专家。这
一时段由他们译成中文的书籍多达四百余种，涉及的学科有宗
教、哲学、心理学、论理学、政治、军事、法律、教育、历
史、地理、数学、天文学、测量学、力学、光学、生物学、医
学、药学、农学、工艺技术等。[2]这一阶段由耶稣会士主导的
有关信仰和科学知识的译介活动，主要涉及中世纪至文艺复兴
时期的知识，也包括文艺复兴以后重视经验科学的一些近代科
学和技术。

尽管耶稣会的传教士们在17—18世纪的时候已经向中国
的知识精英介绍了欧几里得几何学和牛顿物理学的一些基本知
识，但直到19世纪50—60年代，才在伦敦会传教士伟烈亚力
（Alexander Wylie，1815—1887）和中国数学家李善兰（1811—
1882）的共同努力下补译完成了《几何原本》的后九卷；同样
是李善兰、傅兰雅（John Fryer，1839—1928）和伟烈亚力将牛

1　蔡特尔著，孙静远译：《邓玉函，一位德国科学家、传教士》，载《国际汉学》，
　　2012年第1期，第58页。
2　张晓编著：《近代汉译西学书目提要：明末至1919》，北京大学出版社2012年版，
　　"导论"第6、7页。

顿的《自然哲学的数学原理》(*Philosophiae Naturalis Principia Mathematica*, 1687)第一编共十四章译成了汉语——《奈端数理》(1858—1860)。[1]正是在这一时期，新教传教士与中国学者密切合作开展了大规模的翻译项目，将西方大量的教科书——启蒙运动以后重新系统化、通俗化的知识——翻译成了中文。

1862年清政府采纳了时任总理衙门首席大臣奕䜣（1833—1898）的建议，创办了京师同文馆，这是中国近代第一所外语学校。开馆时只有英文馆，后增设了法文、俄文、德文、东文诸馆，其他课程还包括化学、物理、万国公法、医学生理等。1866年，又增设了天文、算学课程。后来清政府又仿照同文馆之例，在与外国人交往较多的上海设立上海广方言馆，广州设立广州同文馆。曾大力倡导"中学为体，西学为用"的洋务派主要代表人物张之洞（1837—1909）认为，作为"用"的西学有西政、西艺和西史三个方面，其中西艺包括算、绘、矿、医、声、光、化、电等自然科学技术。

根据《近代汉译西学书目提要：明末至1919》的统计，从明末到1919年的总书目为五千一百七十九种，如果将四百余种明末到清初的译书排除，那么晚清至1919年之前就有四千七百多种汉译西学著作出版。梁启超（1873—1929）在

---

1 1882年，李善兰将译稿交由华蘅芳校订至1897年，译稿后遗失。万兆元、何琼辉：《牛顿〈原理〉在中国的译介与传播》，载《中国科技史杂志》第40卷，2019年第1期，第51—65页，此处见第54页。

1896年刊印的三卷本《西学书目表》中指出："国家欲自强，以多译西书为本；学者欲自立，以多读西书为功。"[1]书中收录鸦片战争后至1896年间的译著三百四十一种，梁启超希望通过《读西学书法》向读者展示西方近代以来的知识体系。

不论是在精神上，还是在知识上，中国近代都没有继承好启蒙时代的遗产。启蒙运动提出要高举理性的旗帜，认为世间的一切都必须在理性法庭面前接受审判，不仅倡导个人要独立思考，也主张社会应当以理性作为判断是非的标准。它涉及宗教信仰、自然科学理论、社会制度、国家体制、道德体系、文化思想、文学艺术作品理论与思想倾向等。从知识论上来讲，从1860年至1919年五四运动爆发，受西方启蒙的各种自然科学知识被系统地介绍到了中国。大致说来，这些是14—18世纪科学革命和启蒙运动时期的社会科学和自然科学的知识。在社会科学方面包括了政治学、语言学、经济学、心理学、社会学、人类学等学科，而在自然科学方面则包含了物理学、化学、地质学、天文学、生物学、医学、遗传学、生态学等学科。按照胡适（1891—1962）的观点，新文化运动和五四运动应当分别来看待：前者重点在白话文、文学革命、西化与反传统，是一场类似文艺复兴的思想与文化的革命，而后者主要是

---

1 梁启超：《西学书目表·序例》，收入《饮冰室合集》，中华书局1989年版，第123页。

一场政治革命。根据王锦民的观点，"新文化运动很有文艺复兴那种热情的、进步的色彩；而接下来的启蒙思想的冷静、理性和批判精神，新文化运动中也有，但是发育得不充分，且几乎被前者遮蔽了"。[1] 五四运动以来，中国接受了尼采等人的学说。"在某种意义上说，近代欧洲启蒙运动的思想成果，理性、自由、平等、人权、民主和法制，正是后来的'新'思潮力图摧毁的对象"。[2] 近代以来，中华民族的确常常遭遇生死存亡的危局，启蒙自然会受到充满革命热情的救亡的排挤，而需要以冷静的理性态度来对待的普遍知识，以及个人的独立人格和自由不再有人予以关注。因此，近代以来我们并没有接受一个正常的、完整的启蒙思想，我们一直以来所拥有的仅仅是一个"半启蒙状态"。今天我们重又生活在一个思想转型和社会巨变的历史时期，迫切需要全面地引进和接受一百多年来的现代知识，并在思想观念上予以重新认识。

1919年新文化运动的时候，我们还区分不了文艺复兴和启蒙时代的思想，但日本的情况则完全不同。日本近代以来对"南蛮文化"的摄取，基本上是欧洲中世纪至文艺复兴时期的"西学"，而从明治维新以来对欧美文化的摄取，则是启蒙

---

1 王锦民：《新文化运动百年随想录》，见李雪涛等编《合璧西中——庆祝顾彬教授七十寿辰文集》，外语教学与研究出版社2016年版，第282—295页，此处见第291页。
2 同上。

时代以来的西方思想。特别是在第二个阶段，他们做得非常彻底。[1]

三

罗素在《西方哲学史》的"绪论"中写道："一切确切的知识——我是这样主张的——都属于科学，一切涉及超乎确切知识之外的教条都属于神学。但是介乎神学与科学之间还有一片受到双方攻击的无人之域；这片无人之域就是哲学。"[2]康德认为，"只有那些其确定性是无可置疑的科学才能成为本真意义上的科学；那些包含经验确定性的认识（Erkenntnis），只是非本真意义上所谓的知识（Wissen），因此，系统化的知识作为一个整体可以称为科学（Wissenschaft），如果这个系统中的知识存在因果关系，甚至可以称之为理性科学（Rationale Wissenschaft）"。[3]在德文中，科学是一种系统性的知识体系，是对严格的确定性知识的追求，是通过批判、质疑乃至论证而对知识的内在固有理路即理性世界的探索过程。科学方法有别

---

1 家永三郎著，靳丛林等译：《外来文化摄取史论》，大象出版社2017年版。

2 罗素著，何兆武、李约瑟译：《西方哲学史》（上卷），商务印书馆1963年版，第11页。

3 Immanuel Kant, *Metaphysische Anfangsgründe der Naturwissenschaft*. Riga: bey Johann Friedrich Hartknoch, 1786. S. V-VI.

于较为空泛的哲学，它既要有客观性，也要有完整的资料文件以供佐证，同时还要由第三者小心检视，并且确认该方法能重制。因此，按照罗素的说法，人类知识的整体应当包括科学、神学和哲学。

在欧洲，"现代知识社会"（Moderne Wissensgesellschaft）的形成大概从近代早期一直持续到了1820年。[1]之后便是知识的传播、制度化以及普及的过程。与此同时，学习和传播知识的现代制度也建立起来了，主要包括研究型大学、实验室和人文学科的研讨班（Seminar）。新的学科名称如生物学（Biologie）、物理学（Physik）也是在1800年才开始使用；1834年创造的词汇"科学家"（Scientist）使之成为一个自主的类型，而"学者"（Gelehrte）和"知识分子"（Intellekturlle）也是19世纪新创的词汇。[2]现代知识以及自然科学与技术在形成的过程中，不断通过译介的方式流向欧洲以外的世界，在诸多非欧洲的区域为知识精英所认可、接受。今天，历史学家希望运用全球史的方法，祛除欧洲中心主义的知识史，从而建立全球知识史。

本学期我跟我的博士生们一起阅读费尔南·布罗代尔

---

1 Cf. Richard van Dülmen, Sina Rauschenbach (Hg.), *Macht des Wissens: Die Entstehung der Modernen Wissensgesellschaft.* Köln: Böhlau Verlag, 2004.

2 Cf. Jürgen Osterhammel, *Die Verwandlung der Welt: Eine Geschichte des 19. Jahrhunderts.* München: Beck, 2009. S. 1106.

(Fernand Braudel, 1902—1985) 的《地中海与菲利普二世时代的地中海世界》(*La Méditerranée et le Monde méditerranéen à l'époque de Philippe II*, 1949) 一书。[1] 在"边界:更大范围的地中海"一章中,布罗代尔并不认同一般地理学家以油橄榄树和棕榈树作为地中海的边界的看法,他指出地中海的历史就像是一个磁场,吸引着南部的北非撒哈拉沙漠、北部的欧洲以及西部的大西洋。在布罗代尔看来,距离不再是一种障碍,边界也成为相互连接的媒介。[2]

发源于欧洲文艺复兴时代末期,并一直持续到18世纪末的科学革命,直接促成了启蒙运动的出现,影响了欧洲乃至全世界。但科学革命通过学科分类也影响了人们对世界的整体认识,人类知识原本是一个复杂系统。按照法国哲学家埃德加·莫兰(Edgar Morin, 1921—)的看法,我们的知识是分离的、被肢解的、箱格化的,而全球纪元要求我们把任何事情都定位于全球的背景和复杂性之中。莫兰引用布莱兹·帕斯卡(Blaise Pascal, 1623—1662)的观点:"任何事物都既是结果又是原因,既受到作用又施加作用,既是通过中介而存在又是直接存在的。所有事物,包括相距最遥远的和最不相同的事物,都被一种自然的和难以觉察的联系维系着。我认为不认识

---

1 布罗代尔著,唐家龙、曾培耿、吴模信等译:《地中海与菲利普二世时代的地中海世界》(全二卷),商务印书馆2013年版。

2 同上书,第245—342页。

整体就不可能认识部分，同样地，不特别地认识各个部分也不可能认识整体。"[1]莫兰认为，一种恰切的认识应当重视复杂性（complexus）——意味着交织在一起的东西：复杂的统一体如同人类和社会都是多维度的，因此人类同时是生物的、心理的、社会的、感情的、理性的；社会包含着历史的、经济的、社会的、宗教的等方面。他举例说明，经济学领域是在数学上最先进的社会科学，但从社会和人类的角度来说它有时是最落后的科学，因为它抽去了与经济活动密不可分的社会、历史、政治、心理、生态的条件。[2]

四

贝克出版社（C. H. Beck Verlag）至今依然是一家家族产业。1763年9月9日卡尔·戈特洛布·贝克（Carl Gottlob Beck，1733—1802）在距离慕尼黑100多公里的讷德林根（Nördlingen）创立了一家出版社，并以他儿子卡尔·海因里希·贝克（Carl Heinrich Beck，1767—1834）的名字来命名。在启蒙运动的影响下，戈特洛布出版了讷德林根的第一份报纸与关于医学和自然史、经济学和教育学以及宗教教育

---

[1] 转引自莫兰著，陈一壮译：《复杂性理论与教育问题》，北京大学出版社2004年版，第26页。

[2] 同上书，第30页。

的文献汇编。在第三代家族成员奥斯卡·贝克（Oscar Beck，1850—1924）的带领下，出版社于1889年迁往慕尼黑施瓦宾（München-Schwabing），成功地实现了扩张，其总部至今仍设在那里。在19世纪，贝克出版社出版了大量的神学文献，但后来逐渐将自己的出版范围限定在古典学研究、文学、历史和法律等学术领域。此外，出版社一直有一个文学计划。在第一次世界大战期间的1917年，贝克出版社独具慧眼地出版了瓦尔特·弗莱克斯（Walter Flex，1887—1917）的小说《两个世界之间的漫游者》(*Der Wanderer zwischen beiden Welten*)，这是魏玛共和国时期的一本畅销书，总印数达一百万册之多，也是20世纪最畅销的德语作品之一。[1]目前出版社依然由贝克家族的第六代和第七代成员掌管。2013年，贝克出版社庆祝了其

1　第二次世界大战后，德国汉学家福兰阁（Otto Franke，1863—1946）出版《两个世界的回忆——个人生命的旁白》(*Erinnerungen aus zwei Welten: Randglossen zur eigenen Lebensgeschichte*. Berlin: De Gruyter, 1954.)。作者在1945年的前言中解释了他所认为的"两个世界"有三层含义：第一，作为空间上的西方和东方的世界；第二，作为时间上的19世纪末和20世纪初的德意志工业化和世界政策的开端，与20世纪的世界；第三，作为精神上的福兰阁在外交实践活动和学术生涯的世界。这本书的书名显然受到《两个世界之间的漫游者》的启发。弗莱克斯的这部书是献给1915年阵亡的好友恩斯特·沃切（Ernst Wurche）的：他是"我们德意志战争志愿军和前线军官的理想，也是同样接近两个世界：大地和天空、生命和死亡的新人和人类向导"。(Wolfgang von Einsiedel, Gert Woerner, *Kindlers Literatur Lexikon,* Band 7, Kindler Verlag, München 1972.) 见福兰阁的回忆录中文译本，福兰阁著，欧阳甦译：《两个世界的回忆——个人生命的旁白》，社会科学文献出版社2014年版。

成立二百五十周年。

1995年开始，出版社开始策划出版"贝克通识文库"
(C.H.Beck Wissen)，这是"贝克丛书系列"(Beck'schen Reihe)
中的一个子系列，旨在为人文和自然科学最重要领域提供可
靠的知识和信息。由于每一本书的篇幅不大——大部分都在
一百二十页左右，内容上要做到言简意赅，这对作者提出了更
高的要求。"贝克通识文库"的作者大都是其所在领域的专家，
而又是真正能做到"深入浅出"的学者。"贝克通识文库"的
主题包括传记、历史、文学与语言、医学与心理学、音乐、自
然与技术、哲学、宗教与艺术。到目前为止，"贝克通识文库"
已经出版了五百多种书籍，总发行量超过了五百万册。其中有
些书已经是第8版或第9版。新版本大都经过了重新修订或
扩充。这些百余页的小册子，成为大学，乃至中学重要的参考
书。由于这套丛书的编纂开始于20世纪90年代中叶，因此更
符合我们现今的时代。跟其他具有一两百年历史的"文库"相
比，"贝克通识文库"从整体知识史研究范式到各学科，都经
历了巨大变化。我们首次引进的三十多种图书，以科普、科学
史、文化史、学术史为主。以往文库中专注于历史人物的政治
史、军事史研究，已不多见。取而代之的是各种普通的知识，
即便是精英，也用新史料更多地探讨了这些"巨人"与时代的
关系，并将之放到了新的脉络中来理解。

我想大多数曾留学德国的中国人，都曾购买过罗沃尔特出

版社出版的"传记丛书"（Rowohlts Monographien），以及"贝克通识文库"系列的丛书。去年年初我搬办公室的时候，还整理出十几本这一系列的丛书，上面还留有我当年做过的笔记。

五

　　作为启蒙时代思想的代表之作，《百科全书》编纂者最初的计划是翻译1728年英国出版的《钱伯斯百科全书》（*Cyclopaedia: or, An Universal Dictionary of Arts and Sciences*），但以狄德罗为主编的启蒙思想家们以"改变人们思维方式"为目标，[1]更多地强调理性在人类知识方面的重要性，因此更多地主张由百科全书派的思想家自己来撰写条目。

　　今天我们可以通过"绘制"（mapping）的方式，考察自19世纪60年代以来学科知识从欧洲被移接到中国的记录和流传的方法，包括学科史、印刷史、技术史、知识的循环与传播、迁移的模式与转向。[2]

　　徐光启在1631年上呈的《历书总目表》中提出："欲求超

1 Lynn Hunt, Christopher R. Martin, Barbara H. Rosenwein, R. Po-chia Hsia, Bonnie G. Smith, *The Making of the West: Peoples and Cultures, A Concise History,* Volume II: Since 1340. Bedford/St. Martin's, 2006, p. 611.

2 Cf. Lieven D'hulst, Yves Gambier (eds.), *A History of Modern Translation Knowledge: Source, Concepts, Effects.* Amsterdam: John Benjamins, 2018.

胜，必须会通，会通之前，先须翻译。"[1] 翻译是基础，是与其他民族交流的重要工具。"会通"的目的，就是让中西学术成果之间相互交流，融合与并蓄，共同融汇成一种人类知识。也正是在这个意义上，才能提到"超胜"：超越中西方的前人和学说。徐光启认为，要继承传统，又要"不安旧学"；翻译西法，但又"志求改正"。[2]

近代以来中国对西方知识的译介，实际上是在西方近代学科分类之上，依照一个复杂的逻辑系统对这些知识的重新界定和组合。在过去的百余年中，席卷全球的科学技术革命无疑让我们对于现代知识在社会、政治以及文化上的作用产生了认知上的转变。但启蒙运动以后从西方发展出来的现代性的观念，也导致欧洲以外的知识史建立在了现代与传统、外来与本土知识的对立之上。与其投入大量的热情和精力去研究这些"二元对立"的问题，我以为更迫切的是研究者要超越对于知识本身的研究，去甄别不同的政治、社会以及文化要素究竟是如何参与知识的产生以及传播的。

此外，我们要抛弃以往西方知识对非西方的静态、单一方向的影响研究。其实无论是东西方国家之间，抑或是东亚国家之间，知识的迁移都不是某一个国家施加影响而另一个国家则完全

---

1 见徐光启、李天经等撰，李亮校注：《治历缘起》（下），湖南科学技术出版社 2017年版，第845页。

2 同上。

被动接受的过程。第二次世界大战以后对于殖民地及帝国环境下的历史研究认为，知识会不断被调和，在社会层面上被重新定义、接受，有的时候甚至会遭到排斥。由于对知识的接受和排斥深深根植于接收者的社会和文化背景之中，因此我们今天需要采取更好的方式去重新理解和建构知识形成的模式，也就是将研究重点从作为对象的知识本身转到知识传播者身上。近代以来，传教士、外交官、留学生、科学家等都曾为知识的转变和迁移做出过贡献。无论是某一国内还是国家间，无论是纯粹的个人，还是由一些参与者、机构和知识源构成的网络，知识迁移必然要借助于由传播者所形成的媒介来展开。通过这套新时代的"贝克通识文库"，我希望我们能够超越单纯地去定义什么是知识，而去尝试更好地理解知识的动态形成模式以及知识的传播方式。同时，我们也希望能为一个去欧洲中心主义的知识史做出贡献。对于今天的我们来讲，更应当从中西古今的思想观念互动的角度来重新审视一百多年来我们所引进的西方知识。

知识唯有进入教育体系之中才能持续发挥作用。尽管早在1602年利玛窦的《坤舆万国全图》就已经由太仆寺少卿李之藻（1565—1630）绘制完成，但在利玛窦世界地图刊印三百多年后的1886年，尚有中国知识分子问及"亚细亚""欧罗巴"二名，谁始译之。[1] 而梁启超1890年到北京参加会考，回粤途经

---

1 洪业：《考利玛窦的世界地图》，载《洪业论学集》，中华书局1981年版，第150—192页，此处见第191页。

上海，买到徐继畬（1795—1873）的《瀛环志略》（1848）方知世界有五大洲！

近代以来的西方知识通过译介对中国产生了巨大的影响，中国因此发生了翻天覆地的变化。一百多年后的今天，我们组织引进、翻译这套"贝克通识文库"，是在"病灶心态""救亡心态"之后，做出的理性选择，中华民族蕴含生生不息的活力，其原因就在于不断从世界文明中汲取养分。尽管这套丛书的内容对于中国读者来讲并不一定是新的知识，但每一位作者对待知识、科学的态度，依然值得我们认真对待。早在一百年前，梁启超就曾指出："……相对地尊重科学的人，还是十个有九个不了解科学的性质。他们只知道科学研究所产生的结果的价值，而不知道科学本身的价值，他们只有数学、几何学、物理学、化学等概念，而没有科学的概念。"[1]这套读物的定位是具有中等文化程度及以上的读者，我们认为只有启蒙以来的知识，才能真正使大众的思想从一种蒙昧、狂热以及其他荒谬的精神枷锁之中解放出来。因为我们相信，通过阅读而获得独立思考的能力，正是启蒙思想家们所要求的，也是我们这个时代必不可少的。

李雪涛

2022年4月于北京外国语大学历史学院

---

[1] 梁启超：《科学精神与东西文化》（8月20日在南通为科学社年会讲演），载《科学》第7卷，1922年第9期，第859—870页，此处见第861页。

译者序

414年，东晋的法显和尚从天竺（古代印度）取经归来。在西行期间，他去佛教寺院寻求戒律经典，终于完成了取经求法的任务。法显后来在他的《佛国记》中记录了他一路上所经历的各种冒险，包括在塔克拉玛干沙漠所面临的挑战："上无飞鸟，下无走兽，遍望极目，欲求度处，则莫知所拟，唯以死人枯骨为标帜耳。"如果在古典时期或中世纪时期前往丝绸之路，必须具备以下技能才能到达目的地：正确地估计会面临什么风险，必要时还得无视这些风险。在白雪皑皑的山上、在寸草不生的沙漠上或者在一望无际的大海上，人们很容易迷失方向，大胆的冒险行为常常足以导致死亡。

本书作者贺东劢（Thomas Höllmann）虽然是坐在安全舒适的写字台前根据文献资料描写丝绸之路恶劣的沙尘暴和寒潮天气，但是，从很多方面来看，作者无疑也是在经历一场冒险。因为要用100多页的篇幅来综述曾经是地球上范围最为广泛的交通网络以及长达2000多年的历史，必然要严守一些基本的准则。其结果就是：在很多知识领域不得不进行大量的压缩和简化。很多较复杂的话题只能简单提及，甚至还有些话题根本就未做处理。

另外，本书作者和以前的沙漠商队向导不同，沙漠商队的向导一般都是领着辎重商队穿越他所熟悉的地区，而本书作者对丝绸之路沿线地区并不是很熟悉，除了他所熟知的国家。作为汉学家，中国恰恰是他所熟知的国家。因此，最终结果就是：一方面，他必须在书中确定某一个地区为重点研究对象；另一方面，他还得选择一个合适的视角，也就是从东方的视角去观察丝绸之路。根据本书最初的架构，作者曾经计划把朝鲜半岛和日本也纳入到研究范围当中，但最后不得不放弃对这些国家及地区进行详细的论述。同样，从亚洲的角度来看，凡是位于地中海东岸以西的国家在本书中均未涉及。

丝绸之路沿线是一个庞大的错综复杂的线路网络，不仅包括陆上丝绸之路，也包括海上丝绸之路。海上丝绸之路虽然在历史关联中也发挥着很重要的作用，但是出于实际的考虑，在本书中只是稍有提及。书中所有的描述并没有严格按照空间顺序或事件的时间顺序来展开，因为在本书有限的篇幅当中，只能采取跳跃式的描述，这样才能保证每个所涉及的话题或观点较为完整。

不过，作者最终在行文中还是做了一些妥协。各个语言当中的专有名词在德语中一般都是按照《杜登词典》的字母音译拼写规则拼写（比如，Hadsch就是指穆斯林的朝觐之旅）。另外，在用德语表示其他语言中的专有名词时，可读性优先于学术上的精确性 [比如，高昌（Kocho）就是按照德语的拼写规则来写的，而没有写成Qočo]。德语当中加在字母上面的附加发音符号一律不用，很多中文专有名词只在少数情况下按照《杜登词典》的拼写规则来拼写（比如，"北京"写成了Peking），大多数中文专有名词都是按照汉语拼音的规则来拼写的（比如，"新疆"完全按照汉语拼音写成了Xinjiang）。在翻译引文时，本书比较注重表达的易懂性；只有在可能的情况下，才会考虑行文是否流畅或生涩。

刘学慧

目　录

第一章 —————————— 地形与路线

丝绸之路沿线各地区的地形风貌、植物区系以及动物区系种类繁多。特别是那些陡峭的雪山和一望无垠的沙漠，总是让人举步维艰。气候条件也是变化多端，时而酷热难当，时而严寒难耐。

天然险阻

丝绸之路沿线的一些山脉第一眼看上去似乎总让人觉得难以翻越。悬崖陡峭、山坡崎岖、石砾满地，还有终年不化的冰川，这些天然险阻直到今天依然令人望而生畏。确实，在喀喇昆仑山脉、昆仑山脉、兴都库什山脉、天山山脉和帕米尔高原中，不少主峰的海拔高达7000多米。喀喇昆仑山脉在西北部与喜马拉雅山脉交界，其主峰乔戈里峰又称K2峰，海拔8611米，是世界第二高峰。包括乔戈里峰在内，这里紧密相连地排列着四座海拔8000米以上的高峰。

虽然丝绸之路的路线一般都位于这些山峰的海拔高度之下，但是要想翻越绵延的山脉，无论是从心理准备还是从装备计划方面，势必有着严苛的要求，因为很多山口都是常年冰雪覆盖。在喀喇昆仑山脉，喀喇昆仑山口的海拔为5575米，红其拉甫山口的海拔为4733米；天山山脉的图噜噶尔特山口海拔为3752米。

表1　丝绸之路沿线的部分山脉高峰

山脉名称	最高峰
喀喇昆仑山脉	K2峰（8611米）
昆仑山脉	公格尔峰（7719米）
兴都库什山脉	蒂里奇米尔峰（7690米）
帕米尔高原	索莫尼峰（7495米）
天山山脉	托木尔峰（7439米）
高加索山脉	厄尔布鲁士峰（5642米）
扎格罗斯山脉	扎尔德峰（4548米）
阿尔泰山脉	别卢哈峰（4506米）

除了难以通行的山口，还有恶劣的气候条件——干旱少雨，尤其是人为原因造成的沙漠化，使得水源奇缺、植被持续减少。很多高原平地、盆地和洼地都呈现出干旱或亚干旱的地理特征，成为西起北非东至东亚的干旱带的一部分。这里的戈壁滩和沙漠面积很大，为世界第二大沙漠区。

塔克拉玛干沙漠位于塔里木盆地的中心，沙漠的北部、西部和南部都有高山环绕，是全世界第二大流动沙漠。塔克拉玛干沙漠85%左右的面积是流动沙丘，沙丘高度一般在200米以上，沙漠形态变化多样。部分地区的年降水量不到50毫米，如果没有其他的水源，难以进行农作物种植。从周围山脉融化的雪水汇聚成无数的河流，在沙漠平地中快速干涸。由于夏季气温常常高达60℃以上，水的蒸发率和渗透率非常高。在每年的5—8月期间，经常在下午时段出现可怕的沙尘暴，风速超过20米/秒，严重威胁着人和动物的生命安全。

塔克拉玛干沙漠的狂风卷起沙尘，吹过很远的距离，沿途的沙丘分地区呈现出不同的颜色，有黄色、灰色或棕色。而卡拉库姆和克孜勒库姆沙漠的沙子则是黑色或者红色，因此卡拉库姆沙漠也被称作黑沙漠，克孜勒库姆沙漠被称作红沙漠（突厥语中的"卡拉"是"黑色"的意思，"克孜勒"是"红色"的意思，"库姆"即"沙漠"）。另外，卡拉库姆沙漠的最低点位于海平面以下81米，而整个丝绸之路沿线的最低点则是吐鲁番盆地。吐鲁番盆地的最低点位于海平面以下154米，是世界上海拔第二低的盆地。

表2　丝绸之路沿线的部分干旱地区

沙漠名称	地理位置	最初形态	大概面积
戈壁	中国、蒙古	多石荒地、盐质荒漠、荒原	200万平方公里
塔克拉玛干沙漠	中国	沙漠	34万平方公里
卡拉库姆沙漠	土库曼斯坦	沙漠	33万平方公里
克孜勒库姆沙漠	哈萨克斯坦、乌兹别克斯坦、土库曼斯坦	沙漠	30万平方公里
叙利亚沙漠	叙利亚、伊拉克、约旦、沙特阿拉伯	荒原、多石荒地	26万平方公里
卡维尔盐漠、卢特沙漠	伊朗	盐质荒漠、沙漠、多石荒地	23.5万平方公里（两者共计）

在干旱地区，夏天通常酷热难当，而冬天则严寒难耐。戈壁滩上最低气温能到-35℃，而卡拉库姆沙漠的最低气温甚至达到了-40℃。从9月开始，寒潮就早早来袭。唐朝诗人岑参在他的《白雪歌送武判官归京》中就描写过这一景象。在这首诗中，诗人形象地描述了中国古代的官员到塔里木盆地北部戍边的经历。下面是这首诗的节选：

北风卷地白草折，胡天八月即飞雪。

……

散入珠帘湿罗幕，狐裘不暖锦衾薄。

……

瀚海阑干百丈冰，愁云惨淡万里凝。

……

纷纷暮雪下辕门，风掣红旗冻不翻。

……

除了暴风雪、雪崩、沙尘暴和泥石流等恶劣天气和自然灾害，地震也严重威胁着人们的生命安全。在丝绸之路沿线，特别是在亚洲地区的大部分路段，大陆板块之间发生碰撞挤压而产生的地震带来了一系列的后果。比如，在20世纪20年代，中国西北的青海和甘肃曾经发生了8.3级和8.6级地震，造成了40多万人死亡。历史上，在土库曼斯坦、伊朗（较近一次的地震发生在2003年，震中为古丝绸之路的贸易城市巴姆）、叙利亚和土耳其也曾发生过地震，并造成数以万计的人员伤亡。

运输能力

在封建帝王时期的中国，宽阔的马路是城市兴起和发展的主要因素。但是，大马路往城外延伸了几公里之后，旋即变成了崎岖不平的小路，使得马车和平板车前行困难。中国西北部地区的地势和补给条件并不允许在当地修建连绵通畅的马路，也就难以保证辎重交通工具通行。但是，这并不意味着，历史上没有大型的修路工程。恰恰是在群山之间，人们历经千难万险而修建通道，有的是在岩石上开山凿路，有的是借助木架和索链来固定栈道。因此，很多地方的关口狭窄，稍大一点的马车和平板车根本无法通过。

而在荒原和沙漠地区，人们干脆放弃了修建固定的马路，所以，只有熟悉地形的向导才知道具体的路线走向。对于经验不足的旅行者来说，5世纪初横穿塔克拉玛干沙漠的法显和尚如此形容：他们顶多只能"沿着前人风干的尸骨来探路"。只有在里海、波斯湾和地中海之间的地区才有碎石铺成的路面，这样的石铺路面对当地的交通具有重要意义。这些地区也曾属于罗马帝国时期标志性的交通网络。

一直到20世纪，在丝绸之路沿线，骆驼都是主要的载重牲畜。西部地区主要使用单峰驼，东部则使用双峰驼。只有双峰驼才能经受住极端严寒的天气，而锡尔河对岸的山区长达数月都是严寒时期。另外，双峰驼也非常适合在沙漠地区行走，因为它们足底有肉垫，可以有效防止驼掌陷入沙中。双峰驼的眉毛较长，鼻孔可闭合，能有效抵御沙尘暴的侵袭。

体形庞大的骆驼进食要求不高，主要以干草、灌木枝为食，驼峰可以储存大量的脂肪。骆驼的体温会随外部环境温度的变化而变化，这样一来，消耗的水分相对较少。经受住长时间不饮水之后，骆驼能够在短短的几分钟内狂饮100多升水，以平衡水分流失。在负重250千克、日行30公里的情况下，双峰驼也能够在高温时期长达两周不用饮水。

从体重比例来看，与骆驼相比，驴子能够在更短的时间内饮更多的水，以平衡体内的水分流失。驴子不仅适合在沙漠中行走，而且不惧寒冷，日行距离也接近骆驼的脚力。路程较远时，驴子的负重能力也能达到骆驼的一半。因此，在丝绸之路上运输货物，驴子的作用不可低估。

另外，驴骡（公马和母驴杂交所生）和马骡（公驴和母马杂交所生）也非常适合高山地区的货物运输，因为它们负重非常平稳，耐力好，胆子大。在高山地带，牦牛有时候也非常适合负重运输。由于受气候条件和天然屏障所限，马在高山地区前行困难，所以使用较少。耐力好，要求不高，这两点在长途贸易中非常重要。长途运输和信使不同，信使必须短时快速。在古老的壁画上，大象有时候也被描述成负重运输的动物，其实受限条件更多，在大多数地区不太可能用于货物运输。

尽管很多文献中的描述给人留下了完全不同的印象，但毋庸置疑的是：荒漠商队中的牲畜一路上都是由人领着，而不是被人骑着。另外还有一点不可忽视：人也可以负重！直到20世纪，在中国，人力仍然是最常见的负重运输工具。人力加上扁担、箩筐、杠子等工具，非常适合在羊肠小道、地势陡峭的地方负重前行。除此之外，木牛也适合用于山路运输。木牛其实是一种独轮小推车，轮子上方和两旁可以放置货物。不过，木牛在没路的地方可谓寸步难行。只有路面结实、够宽，木牛才能像牛车一样发挥作用。

进入20世纪以来，大多数地区逐渐用汽车取代负重牲畜和拉车动物。曾经在欧洲引起人们关注的相关事件是沿丝绸之路向东而行的黄色之旅（又称东方之旅）：1931年从贝鲁特出发，第二年抵达北京。早在1908年，也就是在雪铁龙越野车横穿沙漠而引起公众广泛关注之前，德国地理学家马丁·哈尔特曼就曾经发出呼吁，"应该用汽车"作为交通工具来推进"中国—土耳其"沿线地区的开发。

沿途食宿

以前，东亚、中亚和西亚的文化与政治中心大多位于河流沿岸或者河流流域附近。典型的例证有以下三组城市：（1）渭河岸边的长安（今西安）和黄河岸边的洛阳，这两个城市曾经长时间分别作为中国的帝都；（2）中亚地区的阿姆河与锡尔河流域（古希腊人称之为乌许斯河、亚萨尔特斯河），是古代粟特人的界河；（3）幼发拉底河与底格里斯河两河之间的土地，自8世纪以来归巴格达统辖。

　　中国南部地区有密集的天然河湖以及人工运河，可以用来运输较重的货物，但是丝绸之路沿线并不具备这样的运输条件。丝绸之路的主要线路很少有大的河流，只有很短的几段路线经过渭河、锡尔河以及幼发拉底河沿岸。在丝绸之路沿线，较为重要的是以塔里木河作为方向参照。塔里木河最初曾流经塔克拉玛干沙漠的北边和东边。如今的塔里木河全长2179公里，是世界上第五长的内流河。每年春天，天山山脉的冰雪融化，塔里木河的水流湍急，宛如无缰的野马。不过，总体上，塔里木河的水流还算比较平缓。另外，印度河河谷也是丝绸之路上的一个重要方向标志，河流的支流从河谷流向南亚。

　　进入夏季，塔里木河流域的气温较高，沿线的几处大的绿洲难以保证拥有充足稳定的水源。因此，当地人利用竖井分段开挖地下暗渠，借助山脚的落差，将地下水引流出地面进行灌溉，以避免水分蒸发或渗漏。这种水利设施在古代的西亚和中亚曾被广泛使用，在塔里木盆地的绿洲上被称为"坎儿井"，取义于波斯语和阿拉伯语。

　　无计划、无节制地引水最后将会导致哪些严重的后果，只需了解里海图兰低地内流湖的现状即可获知。俄罗斯、阿塞拜疆、伊朗、土库曼斯坦、哈萨克斯坦以及乌兹别克斯坦等国家都在这里发生过冲突。除了里海之外，咸海的湖面水位也在下降，并由此引发湖面的面积急剧减小、湖水含盐量增加，最终使渔业受损，并且对当地居民造成了生态灾害。

能够定期获取饮用水和食物，是旅行者最基本的需求之一。在干旱地区，相隔不太远的绿洲是旅行者得以生存下去的基本前提。不过，只要能给人、畜提供足够的食物，并且能够住宿过夜，商队也会歇脚停留。如果商队规模过大，几百号人马以及大量的负重牲畜的后勤补给就是一项严峻的挑战。

在信仰伊斯兰教的地区，能够提供整洁住宿的主要是商队客栈。客栈里的墙壁结实，屋门厚重，客房围着庭院，正中间是水井。客栈一般是多层建筑群，除了客房之外，还有大开间的餐厅、仓房和卖东西的地方。值得一提的是，客栈的建筑还包括马厩。有些客栈还带有清真寺，相比起来，清真寺要显得简陋一些。

商队不仅在客栈歇脚休息和补充口粮，也在这里招募向导和翻译，替换负重和骑行的牲畜，修理箬头及各种工具；同时，商队还在客栈完成各种交易，把带来的货物交给对方，或者直接出让变卖。当然，客栈还给大家提供了一个交流平台，商队之间可以互相说说各自的经验或者新鲜事情。

在中国境内，大路两旁设立的驿站也能提供住宿。不过，这里官方的盘查比较严格。理论上来说，普通旅行者只要有相关的批件就可以入住，但是这些驿站主要是给出差的官员以及官方信使提供食宿的。有些驿站甚至还有牢房，用以关押随行的犯人。在这种情况下，很多私人旅店应运而生，普通旅行者可以在这里住宿，并置备一些旅程中的必需品。私人旅店大多直接毗邻官方驿站，但是住宿条件相对简陋，远远比不上官方驿站。还有一种比较常见的情况，有些商人会直接留宿在贸易伙伴提供的住处。丝绸之路沿线有一些寺庙或者香房，除了香客之外，普通旅行者也可以在此投宿。

　　历史上，中国曾经有过非常开放的时期，但是对于那些远道而来的外国人，人们依然会投去不信任的眼光。鉴于此，汉唐时期，作为丝绸之路起点的长安城以及屡为都城的洛阳会有专门规定：外国人在城内只能住在官方指定的居住区，或者住在城门外的周边地区。这些外国人虽然对中国的商品和风俗极为好奇，但是生活上却受到官方的各种限制，包括着装服饰要求、禁止与当地人通婚，等等。

主要路线

　　由于历史上各个时期的政治疆域、军权集中以及文化习俗不同，丝绸之路最重要的部分都被划分为几个连续的区域。单从地理范畴来看，丝绸之路从东到西分别是：（1）渭河河谷；（2）河西走廊；（3）戈壁和塔克拉玛干沙漠；（4）帕米尔高原沿线山脉；（5）图兰低地；（6）伊朗高原；（7）两河流域；

（8）叙利亚沙漠直到地中海。

（1）丝绸之路的起点是西安（古称长安），从这里沿着渭河往西逆流而上，沿途经过宝鸡和天水。出了渭河河谷，线路往北拐弯，翻过几道山脉，进入黄河岸边的兰州。

（2）线路沿着祁连山的东麓以及阿拉善高原的西侧延伸，途中经过富饶的河西走廊，从武威、张掖、嘉峪关一直往西北方向，部分路段与长城平行。

（3）进入戈壁以后，线路自安西分为南、北两线：南线与昆仑山脉平行，从敦煌沿着塔克拉玛干沙漠的南侧经过和田、莎车；北线出了戈壁之后，沿着天山和塔克拉玛干沙漠的北侧经过哈密、吐鲁番、库车和阿克苏。在喀什，从沙漠南、北侧延伸过来的两条线路重新会合。

（4）帕米尔高原常年被冰川覆盖，天山山脉的西侧山口也很难翻越，为了尽量减少人畜伤亡，最好在夏季经过此地。从这里翻越山口之后，前方的目的地一般是吉尔吉斯坦的费尔干纳盆地。盆地周围山上的冰雪融水汇聚成河流，尽管当地降水量很少，但是生活条件得到了有效保障。

（5）线路开始沿着锡尔河上游延伸，之后一直向西，经过图兰低地，直达乌兹别克斯坦的撒马尔罕和布哈拉城。然后越过阿姆河，进入土库曼斯坦，到达卡拉库姆沙漠南侧的马雷（旧称梅尔夫）。

（6）在伊朗高原上，线路沿着山麓北侧与沙漠带之间的边缘延伸。沙漠带上最大的盆地就是卡维尔盐漠。沿途各个绿洲上有山泉和坎儿井的地下水，因此成为商队歇脚的站点。过了哈马丹省，往西需要翻越扎格罗斯山脉。

（7）翻过扎格罗斯山脉之后，幼发拉底河与底格里斯河在西部山麓冲刷出伊拉克肥沃的平原。伊拉克的政治中心巴格达就位于这个冲积平原上。线路继续沿着幼发拉底河河谷横贯高原。高原上的气候比较干燥，到了西部才能见到灌溉的农田。

（8）不知不觉中，线路慢慢进入叙利亚沙漠，从这里有很多不同的道路通向大马士革和阿勒颇。在罗马帝国统治时期，曾以巴尔米拉为各条交通要道的中心点。最后，越过与地中海海岸平行走向的山脉，在土耳其最南部的安塔基亚（古称安条克）或者在黎巴嫩的提尔到达地中海。

当然，横贯东西的丝绸之路并不会在抵达地中海海滨之后就戛然而止，从这里走海路还能够到达地中海沿岸的大部分地区：可以通往北非的港口城市，这样就能够间接与撒哈拉沙漠南部的贸易中心建立商贸关系；还可以通往南欧的各个国家，并以此与阿尔卑斯山北边的地区保持商贸往来。同样，丝绸之路往东可以到达朝鲜半岛和日本。

在丝绸之路的主要线路上，经常会分岔出一些小路，往北或往南通向其他地区，有时甚至是通往其他国家。下面仅举几例：

从渭河河谷开始，穿过中国西南省份四川和云南，通往缅甸和孟加拉湾。

从河西走廊的最南端一直往西到达青海，并从青海继续通往青藏高原。

从塔里木盆地穿过帕米尔和喀喇昆仑山口，经过罕萨地区和印度山谷，通往巴基斯坦（可以由此进入阿拉伯海）、阿富汗以及印度。

从图兰经过里海北边到达黑海；或者从图兰沿着天山山脉的北边通往蒙古的沙漠和荒原。

从伊朗高原往西北通往阿塞拜疆、亚美尼亚以及格鲁吉亚所属的里海和黑海之间的地区；或者往南到达波斯湾的港口城市。

虽然历史文献中把这条商贸通道称为丝绸之路，但是还有其他一些奢侈物品的贸易往来通道也与丝绸之路相关，例如：从西伯利亚往南运输毛皮的"毛皮之路"；从南阿拉伯地区往外运输熏香的"熏香之路"；从波罗的海往外运输琥珀的"琥珀之路"。

海上路线

自古以来，海路运输就不只是在陆地上无路可走的时候才发挥重要作用。与陆路的商队一样，海上运输由一些船队或者商船队负责运输，各个船队分别负责一段海上行程，穿过艰险的印度洋，共同完成长途运输的任务。途中，船队一般都会经停很多港口，装卸货物，或者接送乘客。每次靠岸的时候，都会有一些对当地水域情况熟悉的水手登船领航，以保证船队能够继续顺利前行。

根据可考证的历史记载，最先穿越印度洋的是波斯人和阿拉伯人。他们大多是商人，一路上波涛汹涌、洋流凶险、海水深不可测，而且时常遭到突然袭击，或者染上致命的瘟疫。但是，海路运输的运力比陆路运输的运力大很多，陆路仅靠牲畜负重或拉车，海路运输的运输量也带来了高额的回报。当时，海上船队使用的帆船都是多桅帆船，由独桅帆船（斯瓦希里人如此称之）改造而成，最多能达到三桅，船帆为梯形或三角形。帆船的龙骨、前柱和第八艉柱都是独立的整根木料，船身采用木船外板铺镶技术，侧面由无搭接的整体船板拼镶而成。

海上航行的节奏基本上根据季风的变化情况而定：夏季是西南季风，船队顺风往北或往东行驶；冬季是东北季风，船队往南或往西行驶。为了正确辨认方向，首先得会观察星象，另外还要掌握基本的航海知识，包括天文地理知识、各地的季风规律、洋流变化以及海域深度等等。

如此看来，波斯商人或阿拉伯商人之所以愿意较长时间在目的地国家停留，险恶的航海条件和漫长的行程是一个主要因素。波斯和阿拉伯商人在中国人数最多的时候是8—9世纪，他们主要集聚在广州这样的沿海城市，后来逐渐发展成穆斯林"聚居区"，定居下来做生意。同样，中国商人也到其他国家定居，特别是在东南亚最重要的转运点，不仅生意做得越来越大，更主要的是商号开得越来越多，并在此基础上形成了固定的亲属纽带和商务伙伴关系网。

直到15世纪初，世界上才出现了由各个国家发起的大型航海活动，中国在明朝时期多次派出庞大的海上船队前往西亚和东非沿岸。中国在明朝永乐年间突然出现如此大规模的海上船队，短短的几十年之后又迅速萎缩，具体原因直到今天还未能解释清楚。但是有一点也许可以断定：大规模往外派出考察船队，不仅仅是当时中国的一种外交手段，更是篡位的中国皇帝想借以奠定其皇权合法性的方式。当然，船队下西洋也不排除商贸兴趣，毕竟从异域带回来的奢侈商品可以作为贡品进献给皇帝，而皇帝也可以借此昭示天子皇权的威严。

船队在最初计划航海行程的时候，根据季风的更替顺序，制定了较为固定的行程，启程日期一般都定在冬春交替的时节。船队从南京出发，沿着扬子江顺流而下，到达东部海岸，在此等候观望，择机驶入一望无际的大海。一般情况下，船队在国外停靠的第一站是越南中部的占婆港，然后在印度尼西亚苏腊巴亚港往爪哇岛航行，中间可能会在泰国稍作停留。因为要等待季风改变方向，所以船队在爪哇岛不得不停靠较长时间。接下来，船队将继续驶往苏门答腊岛的巨港以及马来半岛上的马六甲。从马来半岛往西，可直接到达斯里兰卡（古称锡兰），或者绕道经过尼科巴群岛、安达曼群岛到达孟加拉湾。船队最初的四次航海活动所到达的终点站都是印度西南海岸的商贸大都市科钦和卡利卡特。

船队一共七次下西洋，最初的四次航海活动所经过的路线对于中国的皇帝来说，还不算陌生。而之后的三次航海活动则去了更加遥远的陌生国度。船队穿过阿拉伯海到达霍尔木兹岛，从霍尔木兹海峡进入波斯湾，此后沿着阿拉伯半岛的东海岸直抵亚丁，再进入红海，抵达沙特阿拉伯的吉达；船上的穆斯林还会前往内陆的麦加。最后，船队经过索马里半岛，往南到达肯尼亚的马林迪。随着季风的方向变化，船队按照原路返回中国。

船队在航行途中，对于熟悉的路线和地区，可以借助已有的很多地图辨认方向。如果船队驶入陌生的海域，就得通过观察星象来确定船队的位置。如果夜间天气不好，就得用指南针来确定方位。中国人发明的指南针自12世纪起就用于海上航行。当然，如果出现了极端恶劣的天气情况，或者船队不熟悉当地的地形，最终还得寻求有经验的地方领航员来作向导。

根据历史资料记载，古代中国第一次派出船队出海远航是在1405年。当时的船队一共有300多艘船，其中用来装运货物的62艘船都是九桅帆船，船身长度接近100米，每艘船上的人员多达500人。如此规模的船队，可谓声势浩大。相比之下，葡萄牙人在1517年首次到达中国南部海岸的时候，只是一小队三桅帆船；不过，那时中国的海上领先优势已经风光不再，而欧洲人在东亚的扩张直到几百年之后才停止。

对于从亚洲涌入的大量商品，沿途那些异域国家从来就没办法完全控制，尽管他们后来也建立了自己的贸易公司，并把大部分运输业务交给本国商人打理。这些商人的运输业务范围远不止商品的原产地，比如印度尼西亚的岛屿、印度南部的沿海地区以及阿拉伯半岛等。在运输过程中，有些公司甚至开始从事非法的活动。大多数情况下，海盗只是一个唬人的由头，以此来吓退竞争对手。但是，抢劫和绑架已经不只是无耻的行为，海盗因其极度凶残的手法而令人生畏。直到今天，在印度洋的很多海域又出现了这一势头，海盗的猖獗程度以及相应的增长速度足以说明海盗团伙的专业性。

第二章 ———————— 和尚与传教士

对于丝绸之路究竟是什么时候形成的，人们很难给出明确的具体日期。但是，有一点可以肯定：丝绸之路的形成时间和起始地点并不是按照既定计划产生且一成不变的，实际上是由已然存在的通行路段逐渐连接在一起。因此，丝绸之路各个路段的历史情况不同，不能一概而论，只有借助考古学数据才能还原不同路段的起始情况。

由于丝绸之路形成和发展的历史非常漫长，各种关联错综复杂，很难从历史编纂学角度予以全面记录。现今留存下来的相关记录都是集中在最初的几位先驱人物身上。根据中国的史料记载，开辟丝绸之路的鼻祖是出使西域的张骞。他受西汉皇帝委派，于公元前138年和公元前115年两次率领使团出使西域，曾到达今天的费尔干纳盆地以及阿姆河上游，意在寻求合作伙伴，建立军事联盟。虽然张骞最终并未达成意愿中的合作协约，但是他带回来的各种信息促进了西汉与塔克拉玛干沙漠边远地区以及帕米尔高原西部地区的交往。

那个时候，大家可能会以为，张骞就是第一个到达巴克特里亚（巴克特里亚位于今天的乌兹别克斯坦、塔吉克斯坦和阿富汗之间的交界地带，其首都巴克特拉即后来的巴尔赫）的中国人。事实上未必如此。只是因为张骞受西汉王朝委派，是第一位到过巴克特里亚的中国官方代表，所以，他出使西域的报告被史官写入历史记录中。这样一来，关于张骞出使西域的历史，就被人为地添加了很多细节，甚至是根据想象加以编造，并最终流传下来。

在西汉之后的几个时期，大多数去过西域的人并没有将自己的出行经历记录下来，或者告知后世。因此，下面这四种人是个例外：他们的功劳恰恰在于他们所留下来的书面记录所发挥的作用。不过，这些记录无法全面反映他们为何要去那么遥远的国度，也无法再现那段历史的连续性。

佛教信徒

佛教传入中国的具体时间很难考订，最初传入大概是在公元1世纪，并首先在城市中逐渐扩大影响，但是还远远未能起到传播世界观的作用。各个教系的讲经内容太过发散，不具备系统性。于是，各个寺院为了争取能让自己的教义传统更加合法化，决定派遣和尚去往中亚和南亚，希望尽可能取得真经；当然，最好能够带回大量的梵文经典，可能的话，还希望能带回舍利子。到了4世纪末5世纪初，前往西天取经的和尚明显增多，其中大部分人都在那里修学数年。

表3 西天取经的部分中国和尚

和尚姓名	去程（启程年份）	返程（到达年份）
法显	陆路（399）	海路（414）
智猛	陆路（404）	陆路（424）
宋云、慧生	陆路（518）	陆路（521）
玄奘	陆路（629）	陆路（645）
义净	海路（671）	海路（695）
悟空	陆路（751）	陆路（790）

中国第一位到海外取经求法的大师是法显和尚，他专门写书详细记录了取经的过程。他于399年和随行人员一起从长安出发，首先沿着丝绸之路的常规线路穿过河西走廊。由于沿着塔克拉玛干沙漠的南线部分路段不能通行，法显和尚不得不绕了很多弯路冒险横穿大沙漠。接下来翻越群山的经历对于当时已经年逾花甲的法显来说，体力上是极大的挑战。翻过喀喇昆仑山之后，法显到达印度河河谷，并继续前往恒河。在恒河岸边的巴连弗邑（今巴特那[1]），法显一待就是三年，潜心修学梵书佛律。然后，他又从孟加拉地区[2]坐船前往锡兰[3]，换船经过苏门答腊岛[4]返回中国。回国以后，法显潜心翻译他带回来的

---

1 巴特那，据中国古籍，法显所处时期名为"华氏城"（巴连弗邑）。——译注
2 孟加拉地区，据中国古籍时称"多摩梨帝国"，在今印度西孟加拉邦米德纳普尔之塔姆卢克附近。——译注
3 锡兰，据中国古籍，法显所处时期名为"狮子国"，即今斯里兰卡。——译注
4 苏门答腊岛，时称"耶婆提国"。——译注

经书，并着手写书，以记录他长达15年的取经之旅。他的书中虽然有不少的偏见以及杜撰成分——比如，他在书中写到，有一条龙被激怒后，能够兴风作浪予以报复，于是瞬间狂风大作，漫天飘雪——但总的来说，他在书中所记录的一切让大家能够了解到当时亚洲西部地区的生活状况。在他人代写的后记中，寥寥数语概括了法显到西天取经的目的，也许这就是他的生命本质追求。根据后记的内容，法显曾经有过如下表述：

> 顾寻所经，不觉心动汗流。所以乘危履险，不惜此形者，盖是志有所存，专其愚直，故投命于不必全之地，以达万一之冀。

其实，这位虔诚的取经和尚在逆境中很少会感到彻底绝望，就算是碰到极端恶劣的情况——他曾经在中国南海地区遭遇台风，受到海损的威胁——他仍然淡定祈祷，祈求观音菩萨保佑平安。除了经常祈求菩萨保佑，他还诵读佛经，以驱逐妖怪。玄奘在他的《大唐西域记》一书中，也提到过驱逐妖怪的事。玄奘是7世纪时期的唐朝和尚，直到今天依然名声显赫。

玄奘之所以享有如此高的名望，并不是因为他著书详细记录了取经的经历，也不是因为他的弟子在他圆寂之后出于恭敬、凭借想象为他写了传记。他能够在中国家喻户晓，有可能是因为16世纪的长篇小说《西游记》以他为原型塑造了唐僧这一主要人物形象。《西游记》是中国四大名著之一，近几十年，多次被拍成影视剧。

和法显和尚一样，玄奘也是从长安出发，沿着丝绸之路穿过河西走廊，一直到达戈壁滩。到了敦煌之后，他选择了走北线，经过吐鲁番[1]和库车[2]，然后翻过天山，绕了一个大弯抵达撒马尔罕[3]。接下来，他又往东南方向继续前行，顶着兴都库什山脉[4]的狂风暴雪，最终到达恒河河谷，并在此地停留数年。为了学习佛教不同派系的佛经内容，玄奘在那烂陀寺（印度当时最有名的寺庙之一）研修了五年。在经由陆路返回中国之前，玄奘还专门去了今天印度南部和西部的佛教中心。

玄奘除了带回150件圣人遗物和祈祷圣物之外，还带回了657部佛经，抵达首都长安。唐朝皇帝热情迎接，并赐尊号"三藏"，又称"三法藏"（印度的佛教圣典分为三类：经藏、律藏、论藏。佛教中将精通佛法、翻译佛教经典的法师尊称为"三藏法师"）。唐朝皇帝还专门为他在长安城内修筑了寺院，从此，玄奘和他的弟子终于可以专心从事梵文经典的翻译工作。早在启程返回中国之前，玄奘在印度就已经表达了这个愿望：翻译经文是最重要的目标。他下定决心，一回到中国，就

---

1 据中国古籍，吐鲁番时称"高昌国"。——译注

2 据中国古文献，库车时称"龟兹"。——译注

3 据中国古文献，撒马尔罕时称"飒秣建国"。——译注

4 玄奘在《大唐西域记》中称之为"大雪山"。——译注

要开始翻译带回去的经书，以此向大众传播还未被人熟知的教义内容。此前在中国对佛教的理解有偏差，他希望能够找到产生偏差的症结所在，避免以讹传讹，引导大众正确理解佛教。

最后还要提到的是义净和尚。他在671年乘坐波斯人的船只出发，经过苏门答腊群岛[1]到达孟加拉地区[2]。和玄奘一样，他也去了恒河流域的佛寺，并在那烂陀寺修学，坚持十年静心学习佛教。义净和尚从海上原路返回中国，途中在苏门答腊[3]停留多年，完成了两部著作。

基督教传教士

信徒们坚定的信仰即使不足以移山，也能有助于减轻长途跋涉的艰辛和劳累。特别是那些中世纪后期到达中亚或东亚的欧洲人，他们大部分都是方济各会的传教士，从他们身上，更能看到信仰的力量。至于为什么大多是方济各会的传教士，可能是因为他们有史料档案记载，并且把旅途中所获取的材料写

---

1 据中国古籍，义净西行所经室利弗逝，即今天苏门答腊巴邻旁一带。——译注

2 据中国古籍，该地在义净西行时称"耽摩栗底"，也就是法显时的多摩梨帝国。——译注

3 据中国古籍，即室利弗逝。——译注

下来留传后世。这些传教士或教廷的使者有兴趣把他们的成功经历写下来公之于众，相比之下，规模更加庞大的商人并不愿意把他们到亚洲的经历告诉别人，以免泄露商业机密。

表4　中世纪后期到达中亚或东亚的部分欧洲人

姓名	原住地	身份	时间/年	驻留地
约翰内斯·冯·普莱诺·卡皮尼	翁布里亚	天主教教士（方济各会）	1245—1247	哈拉和林
威廉·冯·卢布鲁克	布拉班特	天主教教士（方济各会）	1253—1255	哈拉和林
马可·波罗	威尼斯国	商人	1271—1295	北京[1]
约翰内斯·冯·孟德科维诺	坎帕尼亚	天主教教士（方济各会）	1271—1328	北京[2]
奥多里克·冯·波代诺内	弗里奥尔	天主教教士（方济各会）	1314—1330	北京[3]
约翰内斯·冯·马黎诺拉	托斯卡纳	天主教教士（方济各会）	1339—1353	泉州
约翰内斯·希尔特贝格	巴伐利亚	战争俘虏	1402—1405	撒马尔罕
鲁伊·冈萨雷斯·德·克拉维霍	卡斯蒂利亚	使者	1404	撒马尔罕

1　时为中国元朝的都城大都。——译注

2 3　同上。——译注

总之，那些在中世纪后期到达中亚或东亚的欧洲人，动机也许各不相同，方济各会的有些传教士最初只是为了传教〔比如，法国国王路易九世派往元朝的传教士威廉·冯·卢布鲁克（Wilhelm von Rubruk）〕或者收集信息（比如，普莱诺·卡皮尼），最终，无论他们是宗教意义上的出行或世俗的派遣，都必须向他们的上司提交书面报告。而马可·波罗作为商人家族的后代，曾经跟随他的父亲和叔叔到达元朝的都城，甚至还在可汗的朝廷长期任职。不过，关于他在朝廷的官职高低，大多带有夸张的成分。

为了让这些远道而来的欧洲人能够畅行无阻，蒙古帝国提供了很多便利条件，所以在13、14世纪时期从欧洲到中国的旅途越来越便捷，所需时间也是最短的。不过，关于"蒙古帝国统治下的太平盛世"（Pax Mongolica）的繁荣程度也不必高估。虽然当时的欧亚贸易和传教活动达到了空前的增长，但是帝国内部的团结日益成为一种假象。

与同期到过蒙古帝国的大多数欧洲人相比，法国传教士威廉·冯·卢布鲁克的受教育程度算是比较高的。他唯一缺乏的是相应的语言表达能力，仅靠拉丁文知识在元朝根本就不够用。正因为如此，他在旅行指南中特别提到了口译人员的作用。卢布鲁克凭借惊人的观察能力和理解天赋来弥补语言知识的不足。他能够将自己所感知到的一切进行有效关联，并做出自己的判断。只有在涉及教派要求和教义内容时，他才顺其自然，不再进行任何批判性的关联反思。在蒙古帝国的宫廷里，他也不放弃与其他教派的代表展开辩论，包括聂斯脱利派（否认马利亚是天主之母，认为人性和神性在耶稣身上分别存在等）、佛教和伊斯兰教的教徒。各路教派都争相寻求蒙古大汗的青睐，而大汗为了做出判断总是要求他们当廷展开辩论。

威廉·冯·卢布鲁克往返蒙古帝国都是选择陆路，沿着里海和死海北边的路线前行。而意大利传教士奥多里克·冯·波代诺内（Odorich von Pordenone）到中国来的时候主要是选择海路，在泉州和北京待了较长时间，返程则走陆路，沿着中亚的东西连接线路回到欧洲。波代诺内在他的游记报告里准确生动地描述了一些关于中国的现象，大大超出了欧洲人对中国的认知，比如鸬鹚捕鱼、女人裹脚等。尽管他在游记的结尾专门强调，他必须服从君王的指令，如实描述旅途的所见所闻，"所记录的一切要么是自己亲眼所见，要么就是从可靠渠道听来的信息"，但是，他的游记中仍然有大段的描述延续了欧洲人对中国一贯的刻板印象，甚至是大加渲染，以至于无从识别关于中国的真实情况。

如果说波代诺内对中国的描述还含有一些想象的成分——欧洲对亚洲的认知自古以来就是凭借这种想象——那么，威尼斯商人马可·波罗（Marco Polo）在他的游记中所做的描述则要实际得多。马可·波罗沿途每经过一个国家，都要细心收集当地广为人知的传说或传闻，并都写进游记里。因此，他记录的内容有一些地方难免让人生疑。虽然有些描述与实际相符，但对于14、15世纪的欧洲读者来说，仍然令人难以置信，甚至令人震惊。

　　奥多里克·冯·波代诺内把杭州称为"世界上最大的城市"，并且认为杭州天然地就是适合做贸易的地方，他的这一说法不无道理。马可·波罗前往中国的时候，大多是沿着荒漠商队的路线走陆路，多年之后返回欧洲时则选择了海路。返程途中经过杭州时，他也对中国沿海地区的这一城市印象深刻（当时，杭州的人口总数已经突破了百万）：

　　　　根据一般的估计，杭州城方圆约有100英里。街道和运河都非常宽，还有很多集市广场，赶集的人熙熙攘攘，一眼看不到尽头。……每隔四英里地就有一个集市，在最繁华的大道旁边依次而设。大运河沿着这条大道平行流过，河边是存放货物的石头货栈，方便那些来自印度或其他国家的商人在这里装卸货物。……集市广场的边上有两处大房子，里面住着官府的管理人员。一旦外国商人之间或者当地居民之间发生了矛盾，他们就会出面解决。另外，这些官员还负责监督辖区内各个桥梁上的执勤岗哨工作。

　　相比之下，从远东去往欧洲的人就要少得多。元朝聂斯脱利派教士列班·扫马（Rabban Sauma，维吾尔人，13世纪景教教士）是最早访问欧洲各国的中国旅行家。1287年，他递交给欧洲各国的游记报告可谓独一无二：这位来自中国北方地区的传教士在意大利碰到了一些令人不快的意外。还在海上航行的时候，他就看到了埃特纳火山爆发，天空顿时变得昏暗。到了那不勒斯以后，他又遇上了索伦托湾激烈的海战。等到最终抵达罗马的时候，他才获悉，教皇何诺四世刚刚去世，没人能给他明确的答复，于是，他不得不作为异教徒和教廷的代表进行艰苦的辩论。接下来，扫马又转道前往法国，境遇有了明显的改善。他在巴黎游览风景名胜，在波尔多正好赶上英国国王爱德华一世到加斯科涅视察，受到爱德华一世接见。

　　随着蒙古帝国的衰落，连接欧亚大陆的丝绸之路在14世纪逐渐失去了吸引力。主要原因是沿途的安全风险急剧上升；另外，沿线地区流行的鼠疫可能也是一个重要因素。直到1498年，葡萄牙人达·伽马成功绕行好望角到达印度，从此欧亚的港口城市之间有了固定的海上航线，欧洲和亚洲又恢复了密切的联系。从16世纪开始，无数的商人和传教士从欧洲去往中国寻找运气。

伊斯兰教行者

8、9世纪时，越来越多的阿拉伯人和波斯人到达中国。在阿拔斯王朝（750—1258年）统治时期，关于地理知识的文献也达到了前所未有的规模。很可惜，现今留存下来的游记报告并不多。这其中较为突出的是阿拉伯商人苏莱曼·塔吉尔（Sulaiman at-Tadschir）在851年写的《中国印度见闻录》，他在游记里提到，广州有一个比较大的穆斯林"聚居地"。

14世纪最有代表性的伊斯兰教行者是摩洛哥的大旅行家伊本·白图泰（Ibn Battuta），他在阿拉伯世界的意义就相当于基督教欧洲世界的马可·波罗。这两个人有很多共同之处——他们如果活到今天，或许会被人们称为专业的环球旅游者。和马可·波罗一样，伊本·白图泰在异域长期逗留期间，也在当地官府任职，只不过他任职于德里苏丹国。伊本·白图泰的见闻记录也被编写成著名的《伊本·白图泰游记》，和马可·波罗一样，他并未亲自执笔，而是由他人代写。同样，他的游记内容的真实性也遭到了质疑，主要是因为加入了过多的想象和夸张描写，不过，这并不影响这本游记的实质内容和重要意义。

伊本·白图泰出生于1304年，来自摩洛哥丹吉尔的一个柏柏尔人家庭。他的一生有一半时间都在旅途之中，根据计算，从1325年到1353年期间，他的行程总计10万多公里。他曾经到过欧洲和非洲的许多地方，在亚洲待的时间最长，主要是在印度。在他的游记中，关于印度的记录最为准确、翔实，比如，他在游记中详细描述了印度寡妇自焚殉葬的风俗。旅途中他到过的城市包括今天的马雷、布哈拉、撒马尔罕等，对这些城市他在游记中都有详尽的记录。虽然他在游记中也提到了中国，但是大部分都是他在集市上或者在商队客栈里偶然听到的短小故事。

关于中国的记录，较为真实详尽的是帖木儿帝国时期的《沙哈鲁遣使中国记》。帖木儿帝国的火者（宦官）盖耶速丁（Giyas ad-Din Naqqas）作为来华使团成员之一，于1420年到达中国。他在游记里详细记录了在中国的经历，有些描写可能带有夸张的成分，甚至有些详细描述的事情经过在中国的历史大事记中根本就鲜有提及，尽管如此，盖耶速丁的观察还是非常细致用心。尤其令人感到诧异的是，伊斯兰教严禁偶像崇拜，但是作者却在书中描写了一座佛教寺院，从中足以看出作者的宗教宽容态度。他随使团来中国时，经过张掖和兰州，途中参观了大佛寺：

> 大佛寺的正中间就是大佛殿，里面安放了一尊约50步长的卧佛。……殿内四处都是精致的泥塑佛像……每尊佛像高约20米。佛教弟子的塑像跟真人一样大小，形态逼真，以至于大家都觉得这些不信真主的异教徒都还活着。各面墙上的壁画栩栩如生，相信

世界上所有的画家看了都会叹为观止。大卧佛的一只
手枕在脑袋下面，另一只手平放在上面的大腿外侧。

探险家和研究家

在19世纪最后的25年里，巴尔喀什湖—帕米尔高原一线
以东的中央亚细亚地区越来越引起了欧洲学者的关注，开发塔
里木盆地的线路甚至直接成了整个丝绸之路的代名词，主要原
因是在当地偶然发现了古城和手迹。这些历史古迹记录了当初
还未被人发现的文化繁盛时期，也使得这一地区被赋予了更重
要的战略意义。

表5 第一次世界大战之前到该地区考察的部分探险家

国家	时间/年	领队
俄罗斯	1888—1890	格里高利·格鲁姆–格日迈洛 米哈伊·格鲁姆–格日迈洛
	1898	迪米特里·克莱门茨
	1906—1908	卡尔·古斯塔夫·曼内海姆
	1907—1909	彼得·科兹洛夫
	1909—1910	谢尔盖·奥登堡
	1914—1915	谢尔盖·奥登堡

续表

国家	时间/年	领队
瑞典	1895—1897	斯文·赫定
	1899	斯文·赫定
英国	1900　1901	奥里尔·斯坦因
	1906—1908	奥里尔·斯坦因
	1913—1915	奥里尔·斯坦因
德国	1902—1903	阿尔伯特·格伦威德尔
	1904—1905	阿尔伯特·冯·勒柯克
	1905—1907	阿尔伯特·格伦威德尔
	1913—1914	阿尔伯特·冯·勒柯克
日本	1902—1903	大谷光瑞
	1908—1909	吉川小一郎、橘瑞超
	1910—1912	吉川小一郎
法国	1906—1908	保罗·伯希和

当然，对这一地区的关注并不是因为德国地理学家费尔迪南·冯·李希霍芬男爵（Ferdinand Freiherr von Richthofen, 1833—1905）的考察和研究，虽然他在1877年第一次使用了"丝绸之路"这个概念来形容中国西部通往欧洲的贸易路线，这个名称（出自他的五卷本巨著《中国——亲身旅行和据此所作研究的成果》卷二）一直广为使用，直至今日；更主要的应该归功于瑞典探险家斯文·赫定（Sven Hedin），他于1895年进入帕米尔高原、西藏和塔克拉玛干沙漠考察探险。他根据自

己的探险记录完成了《我的探险生涯》等多部著作，文笔生动，充满了跌宕起伏的戏剧性描写，不像学者的科考报告那样枯燥无趣，难怪受到了更多读者的喜爱。在考察山脉和穿越沙漠的途中，斯文·赫定和他的队员们常常冒着生命危险，屡屡濒临死亡的边缘。

> 我们眼巴巴地看着地平线上黑压压的浓密云层，希望夜晚早点到来，能够驱除白天火焰般的酷热。头顶的烈日和脚下滚烫的沙漠同时灼烤着我们。……大家精疲力竭，双腿哆嗦，还需要忍受住疲惫和困顿。沙丘的东侧越来越陡峭，我顺着沙丘往下滑，常常手脚并用、匍匐爬行。我们累得全身麻木，只剩下最后一点力气，为了求生而挣扎。大家饥渴难忍，嗓子眼干得直冒烟。我们觉得听到了关节嘎嘎作响的声音，双膝关节由于摩擦而开始生热。眼睛也干得难受，几乎没法眨眼。

尽管考察路途险恶，斯文·赫定还是做出了很多功绩：一是作为绘图家填补了地图上的大片空白；二是作为考古学家发掘出很多宝藏。和同时代的很多探险家一样，他在探险过程中主要搜寻一些罕见的物件，却没有兴趣继续对发掘出来的物品展开全面的研究和记录，对它们的历史意义也不够了解。

英国探险家奥里尔·斯坦因（Aurel Stein）与斯文·赫定在一定程度上有着很多相似性。奥里尔·斯坦因出生于匈牙利的一个犹太人家庭，后被英国政府派往英属殖民地印度任职。他和斯文·赫定一样，在挖掘古迹、获取古物方面毫无顾忌。不过，奥里尔·斯坦因曾经在德国图宾根上过大学，受教育的程度比斯文·赫定高很多。在探险途中，他也将他所学的知识发挥得淋漓尽致：有一次，他为了得到保存在敦煌莫高窟中的珍贵写本，竟然假称，他和玄奘一样，也是为了西天取经。

斯坦因通过花言巧语和小恩小惠说服了负责看护的王圆箓道士，最终骗取到大量的经卷写本和其他许多珍贵文物。当然，他不是唯一得逞的人。仅仅几个月之后，法国当时最著名的汉学家保罗·伯希和（Paul Pelliot）也使用了同样的伎俩。他凭借自己的语言优势，骗到了更多真正有代表性的经卷写本。就这样，他们先后将敦煌的文物和文献骗到手，全都运到伦敦和巴黎的两大博物馆，还美其名曰：探险家在戈壁滩边上发现了一座寺庙，而所有的藏品都来自其中的藏经洞。对于欧洲来说，这些藏品为全面研究亚洲而打开了一个全新的维度；但是，对于中国来说，直到今天，这仍然是一场噩梦，创伤难忘。

除了写本，探险家还运走了大量艺术瑰宝，特别是一些塑像和洞窟壁画都被外国人掠走。这些塑像和壁画本来是各个宗教的信徒们（特别是佛教教徒）安放在那里的，最初用于各种宗教仪式。除了斯坦因和他的助手们，德国人也展开了系统的探险活动。阿尔伯特·格伦威德尔（Albert Grünwedel）对所有的画作感兴趣，总是不停地写写画画。而阿尔伯特·冯·勒柯克（Albert von Le Coq）和他的技术助手特奥多·巴尔图斯（Theodor Barthus）则手持凿子、小刀、小锯从地底下发掘出大量的物品，并悉数运到柏林。所有物品在装进木箱之前，都得用棉花、毛毡、芦苇等小心包裹多层。若是较大的物件，还要拆开分别包装。格伦威德尔在1903年的一封信中写到，运输这些物品不能操之过急，需要小心谨慎：

> 因为路途险阻，我们决定不用骡子或驴，只用骆驼来运输这些木箱。骆驼与骆驼之间不会发生碰撞，这样比较安全。然后，不走铁路，而是走水路继续前往圣彼得堡。这些物品在那里获得过境许可之后，最终从波罗的海运到斯德丁（今波兰北部的海港城市什切青）。

以水路这种较为保险的方式来运输这些艺术品，从未出现过任何破损。直到第二次世界大战期间，才发生了一系列的贵重物品受损的现象。今天，大家如果去新疆的克孜尔石窟参观，也许会注意到洞窟内的累累锯痕以及被掏空的地方，那都是当初在整体壁画上强行凿割而留下的痕迹。后来，这些探险家对艺术品的摧残和蹂躏行为遭到了严厉抨击，从一定程度上来说，也不是没有道理。欧洲人的这些骗宝行为也恰恰说明了欧洲在19、20世纪之交的时候对文明和历史最残酷的蹂躏与掠夺。那些入藏柏林、伦敦或者巴黎的艺术品，无不引起参观者的赞赏，也算是促进了人们对于地处天山和昆仑山之间的这片古老地区的了解和感知。1906年，阿尔伯特·格伦威德尔在克孜尔写了一封信，表达了他获得宝物后欣喜若狂的心情。随着大量宝物抵达欧洲的大都会城市，西方人也因而兴奋不已。他在信里写道：

> 多么令人印象深刻啊！一个多么神奇的世界啊！要想抓住这一切，须得付出前所未有的努力，才能真正理解并完全消化，而且没有任何遗漏。

随着第一次世界大战的爆发，西方对敦煌文物的盗取有所收敛，但是并没有结束。美国人兰登·华尔纳（Langdon Warner）加入了盗宝的行列。华尔纳本人是一名艺术史学家以及东方学家，他受哈佛大学福格艺术博物馆的委托，开启了他的"收集文物之旅"。1924年，华尔纳到达敦煌。他采用了一种新方法，试图用涂有胶水的布片敷于壁画表层，以此剥离壁画。但是，时逢寒冬，胶水很快就凝固，所幸他剥离的壁画并不多。兰登·华尔纳在后世之所以还享有盛名，并不是因为他盗取了大量的艺术品，也不是因为他取得了令人钦佩的学术研究成果，而是因为好莱坞的经典冒险题材电影《夺宝奇兵》让他在银幕上得以"复活"。据说，电影中的探险家印第安纳·琼斯就是以兰登·华尔纳为原型塑造的。

第三章 ——————— 语言与身份

丝绸之路沿线都是多民族地区，那么，最主要的问题是：大家相互之间是如何沟通交流的？当时在丝绸之路沿线地区——现在仍然如此——人们之间的交流和理解并不只是从一个地方到另外一个地方、从一个绿洲到另外一个绿洲、从一个岛屿到另外一个岛屿的近距离沟通，而是要跨越非常遥远的距离。因此，商人是否能做成生意，使者是否能完成任务，传教士是否能获得反响，所有这一切都和他们的语言表达能力直接相关，至少是取决于翻译人员（口译、笔译）的语言质量。

古代的文字见证

在巴基斯坦北部地区，罕萨河、吉尔吉特河、印度河等河流都在此地交汇。很久以前，这里就是丝绸之路沿线交通网络的重要枢纽。当地以古老岩画而闻名，从无数的岩画中可以清楚地看出不同文化之间的交融。除了岩画之外，还有数以千计的石刻文字，大多数都是嵌在岩石上或者凿刻在岩石上的人名，看起来就像多维度的嘉宾留言簿，记录了丝绸之路上的商人、和尚以及外交官曾经到过这里。大约四分之三的文字是婆罗米字母，剩下的主要是粟特文和佉卢虱底文。石刻上也有汉语的文字，证明了魏晋时期曾经有一位使者大概是在3世纪时出发前往西域，并到过这里。

一直到后来，在中国的塔克拉玛干沙漠和戈壁周边地区，仍有很多不同的语言和文字流传了下来。特别是在吐鲁番和敦煌这两个地方，19世纪末20世纪初的时候出土了大量的古代文献，有的甚至只是少量的残卷，其中很大一部分都入藏伦敦、巴黎和柏林的博物馆。这些文字虽然都各有特点，但是主要分为三种类型：从右往左读的阿拉米语、从左往右读的婆罗米语以及大多数情况下从上往下读的汉语。

表6　中国西北部塔克拉玛干沙漠和戈壁周边地区
出土的古代文献中的语言和文字

语言	语言分支	语系	文字
东吐火罗语（焉耆语）	吐火罗语	印欧语系	婆罗米文
西吐火罗语（龟兹语）	吐火罗语	印欧语系	婆罗米文、回鹘文
粟特语	伊朗语	印欧语系	婆罗米文、古叙利亚文、回鹘文、粟特文
巴底亚语	伊朗语	印欧语系	卢恩文、回鹘文、粟特文
巴克特里亚语	伊朗语	印欧语系	赫夫塔利亚文、回鹘文
于阗塞语	伊朗语	印欧语系	婆罗米文

续表

语言	语言分支	语系	文字
图木舒克塞语	伊朗语	印欧语系	婆罗米文、卡洛西提文
中古波斯语	伊朗语	印欧语系	帕拉维文、卢恩文、回鹘文、粟特文
新波斯语	伊朗语	印欧语系	阿拉伯文、古叙利亚文、回鹘文、希伯来文
梵语	印度伊朗语	印欧语系	婆罗米文、巴利文、汉文
普拉克利特语	印度伊朗语	印欧语系	婆罗米文、卡洛西提文
古希腊语	希腊语	印欧语系	古希腊文
古叙利亚语	闪米特语	亚非语系	古叙利亚文
希伯来语	闪米特语	亚非语系	希伯来文
古突厥语	突厥语	阿尔泰语系	卢恩文、婆罗米文、八思巴文、藏文、阿拉伯文、帕拉维文、维吾尔文、回鹘文、粟特文
蒙古语	蒙古语	阿尔泰语系	婆罗米文、蒙古文、八思巴文
契丹语	蒙古语	阿尔泰语系	契丹文
藏语	藏缅语	汉藏语系	粟特文、维吾尔文、藏文
西夏语	藏缅语	汉藏语系	西夏文
汉语	汉语	汉藏语系	汉文、婆罗米文、粟特文、回鹘文

　　这些古代文献的书写材料主要是纸质的，大多是从中国古代的造纸中心运来，另外还有棕榈叶、桦树皮、丝绸、羊皮

纸、木头和石头等材质。很多经文都是手写本，也有大量的雕版印刷，估计是出自古代中国的印刷作坊。

　　大部分文献的内容都是关于宗教话题的，包括佛教、伊斯兰教以及聂斯脱利派的传统教义。很多出土文献都是教徒毕生翻译和研究的成果。另外，还有一些文献是古时候的海关记录、账簿、租赁合同、买卖合同等，也展示了当时日常生活的方方面面，为研究历史上敦煌及周边地区各民族的历史文化活动、社会经济状况及语言文字、宗教信仰等都提供了弥足珍贵的资料。很多文献源自2世纪直到14世纪，大多数仅以残卷的形式保存下来。文献的语言早期主要是汉语，后期则主要是伊朗语和古突厥语。

语言障碍

　　直到今天，丝绸之路沿线依然是多语言地区。印度就是这样一个多语言的国家。在英属殖民地时期，印度才最终实现了政治上的统一，但是，除了印地语和英语之外，还有很多其他语言也是公认的官方通用语言：阿萨姆语、孟加拉语、古吉拉特语、印地语、卡纳达语、克什米尔语、马拉雅拉姆语、马拉地语、奥里亚语、旁遮普语、梵语、信德语、泰米尔语、泰卢固语和乌尔都语等。

　　很多人出于职业的原因或者是因为肩负着使命，会经常沿丝绸之路出行。这些人往往就会成为通晓数种语言的人。在某些地区或者在不同的时期，甚至产生了一种通用语言。比如，在一些港口城市，马来语成为通用语；而在陆路交通方面，粟特语成为很多交通枢纽城市的通用语，一度被广泛使用，并且被大多数人所理解和接受。也许在不久的将来，英语会成为通用语，占据主要地位。

　　大概在中世纪后期，库曼语成为一个重要的交流和沟通语种。库曼语属于突厥语族的一个分支，在中亚地区的贸易谈判中被广泛使用。源于13、14世纪的《库曼语汇编词典》（*Codex cumanicus*）足以证明其重要作用，汇编中的词条虽不完全统一，但是对于沟通和理解很有启发性。

　　《库曼语汇编词典》的第一部分专门列了三语对照的术语词汇表，包括拉丁语、波斯语和库曼语。所列词条主要是商人们会用到的一些专业概念，特别是各类商品的名称，还包括制造技术以及付款方式等专业术语。

表 7　丝绸之路地区（陆路、海路）现存的部分语言分类简表

语系	语言分支	语言	国家
汉藏语系	汉语	汉语	中国
	藏缅语	藏语、缅甸语	中国、缅甸

续表

语系	语言分支	语言	国家
阿尔泰语系	突厥语	维吾尔语、哈萨克语、吉尔吉斯语、乌兹别克语、土库曼语、阿塞拜疆语、土耳其语	中国、哈萨克斯坦、吉尔吉斯斯坦、乌兹别克斯坦、土库曼斯坦、阿塞拜疆、土耳其
	蒙古语	蒙古语	蒙古、中国
	通古斯语	满语	中国
南亚语系	孟-高棉语	越南语、高棉语	越南、柬埔寨
壮侗语系	泰语	泰语	泰国
南岛语系	马来-波利尼西亚语	马来语	马来西亚
		马克萨斯语	印度尼西亚
		布金语	印度尼西亚
		爪哇语	印度尼西亚
印欧语系	伊朗语	塔吉克语	塔吉克斯坦
		普什图语	阿富汗
		俾路支语	巴基斯坦
		法尔斯语	伊朗
		库尔德语	伊朗
印欧语系	印度伊朗语	孟加拉语	孟加拉
		古吉拉特语	印度
		信德语	印度
		旁遮普语	巴基斯坦
		僧伽罗语	斯里兰卡
	亚美尼亚语	亚美尼亚语	亚美尼亚
	斯拉夫语	俄语	俄罗斯

语系	语言分支	语言	国家
高加索语系	西高加索语	格鲁吉亚语	格鲁吉亚
达罗毗荼语系	泰米尔－卡纳达语	泰米尔语	印度
亚非语系	闪米特语	阿拉伯语	伊拉克

笔译与口译

《库曼语汇编词典》第二部分的内容主要是为传教士编写的指南，从中不难看出，宗教信仰远远高于经济利益。对宗教的虔诚才是汇编这些知识的最重要动力，尤其是有大量的经文被翻译成粟特语、古突厥语和汉语。回鹘人一般是从中古波斯语和巴底亚语翻译到回鹘语，聂斯托利派信徒则是将古叙利亚语翻译成波斯语。佛教经文则主要是译自梵文和普拉克利特文。

古时候的佛经汉译是一项非常大的挑战。历史上，先后有不同的译者用各种各样的翻译方法将佛经翻译成汉语。一直到5世纪，佛经汉译才做到了兼顾内容和表述，在此之前，有的翻译太过随意，有的没有完全忠实于原文。7世纪至9世纪期间，佛经中的专业术语在翻译成汉语时终于有了统一的译法。

不过，术语概念上的严格统一，也导致了佛经译文在语言魅力和心灵影响力方面大打折扣。

翻译佛经最大的困难在于要适应佛经中完全陌生的思想和生活世界。在早期的佛经汉译过程中，译者们以为追求所谓的等值就可以了，所以很多表述都是借助于道教的词汇，而且儒家当中的一些准则和思想也影响到佛经的措辞。比如，在翻译佛经中关于夫妻双方在婚姻中的角色时，汉语译文完全改变了原文的意义。佛经原文的意思是丈夫应该支持妻子；而汉语译文的意思则变成了：丈夫应该监督妻子。佛经中还有一处，原文意思是妻子应该悉心照顾她的丈夫；而汉语译文则变成了：妻子应该敬奉她的丈夫。

同样，聂斯托利派信徒在翻译宗教教义内容时喜欢用佛教中的表述。不过，他们用汉语做的宣传小册子，其语言质量确实难以恭维。

在翻译或传播宗教教义内容时，能够自如使用语言和文字是何等重要。聂斯脱利派的传教士在7世纪时期到中国传教时，把圣母马利亚受孕的章节以汉语译出：

> 天主差遣一股寒风吹向那位童女。寒风遵从了天主的旨意，一头钻进了童女的怀里。于是，她就怀孕了。这是上天的安排，因为天主很清楚，童女还未成婚。他只是想证明，女人没有丈夫照样可以

怀孕。受孕后，童女产下一子，而孩子的父亲就是那股寒风。

和笔译人员一样，口译人员大部分也来自丝绸之路沿线大国的周边地区。在中亚，口译人员主要来自丝绸之路沿线的商贸中心城市或者交通枢纽城市，也就是说，主要来自粟特人的城市或者来自塔里木盆地的绿洲地区。因此，最基本的"沟通桥梁"常常是伊朗语或者突厥语族的各种语言，还有粟特语和库曼语。不过，有意思的是，"口译"这个词最初出自突厥语，后来又出现了无数的变异说法。在殖民时期的东南亚各国，中国移民也曾充当了类似的口译角色，特别是当欧洲殖民者与当地各个不同的民族发生冲突的时候，需要懂语言的人帮助沟通理解。

丝绸之路沿线各个国家之间以及各国的统治者之间展开对话和交流时，精通各国语言的翻译显得尤为重要，因为他们的语言水平和翻译质量直接决定了各方的谈判是否能够取得成功。有时候，不小心用错了一个词，都会导致谈判失败。1245年，意大利方济各会传教士柏朗嘉宾（Johannes von Plano Carpini）受罗马教皇英诺森四世（Innozenz IV.）的委派，携带教皇书信出使大蒙古国。教皇在信中用温和的口气谴责蒙古人对欧洲基督教徒的屠杀迫害，劝其悔过，并希望与蒙古人签订某种和平性质的协议。柏朗嘉宾将教皇书信从拉丁文译成蒙古文，进呈给贵由大汗。贵由大汗接见了他，并让他带给教皇一封回信。柏朗嘉宾回欧洲后，将他在沿途的见闻记录下来，写成了《柏朗嘉宾蒙古行纪》。柏朗嘉宾记录了当时翻译大汗的回信时，如何费尽心思寻找最恰当的语言表达。今天读来，依然令人印象深刻：

> 大汗让我们问清楚，教皇身边是否有人能够读懂俄语、萨拉森语（波斯语）或者鞑靼语（蒙古语）的信件。我们回答他说，在欧洲，我们既不用俄语，也不用鞑靼语或萨拉森语。虽然在我们国家也有萨拉森人，但是他们离教皇非常远。最后，我们觉得回信还是用鞑靼语写比较合适，然后一边写一边翻译成拉丁文，这样我们就可以用我们自己的拉丁文字写下来。……当这封回信被逐字逐句地翻译完之后，我们也就用拉丁文记下了全部内容。为了避免任何错误，我们把译文又逐段逐段地仔细检查了一遍。当鞑靼语和拉丁文的两封信都写完以后，我们又让人朗读了两遍，以确保没有漏掉任何内容。……最后，我们又把信件用萨拉森语写了一份，以防教皇一时兴起，让我们给他找萨拉森语的翻译。

这份贵由大汗回复教皇书信的原件，长期湮没无闻，直到

1920年，时隔几百年之后，梵蒂冈图书部主任从教廷所藏档案中发现了贵由大汗的回信。虽然在档案中找到的并不是柏朗嘉宾提到的蒙古文原件，但是却找到了三份不同的译文，其中除了柏朗嘉宾如上文所述的拉丁文译文和波斯语译文，还有一份突厥文的版本。在这三份不同语种的信件当中，贵由大汗都霸气地回绝了教皇的要求，甚至劝其降服！也许正是出于这个原因，这封回信当时就被扔到了档案堆里。另外还要提到的一点就是：一旦双方出现冲突，口译人员往往就会受到牵连，面临极大的风险。特别是当谈判没有达到预期的效果时，有的统治者常常龙颜大怒，直接怪罪于翻译人员，最终以处死译员来挽回统治者丧失的脸面。

偏见与刻板印象

在区分民族或种群时，语言是一个非常重要的因素，但并不总是起着决定性的作用。在中国，文字才是最有力的纽带，能够把人们团结在一起，并帮助他们以此建立共同的历史和传统。一般来说，文字在使用过程中传递的是语义单位，只有通过文字才能克服由于巨大的地域差异而带来的发音变化，从而使整个国家的人都能够借助文字进行相互沟通和交流。有时候，在不同的国家之间也可以通过文字来"传递语义"。比如，高丽或古代越南的上层社会常常借助汉字与中国的朝廷建立更加密切的联系。在中国的周边国家，这最后导致了如下后果：精英阶层和普通人之间的差距变得越来越大。

比较而言，文字记录下来的内容能够流传更久，也因此而成为每一个民族和文化的核心，而且其历史往往和神话故事直接有关。不过，对于汉人来说，事实上并非如此：在中华文明的影响和熏陶下，汉人形成一个有别于其他民族的群体。在历史长河当中，汉族逐渐成为帝国领域内的主要民族，占人口的大多数。另外，在与其他民族的交往和接触过程当中，汉族也从各种不同的物质和精神文明中获取了更多的推动力。

另外，几乎跟文字具有同等重要意义的一个标志，就是不同民族之间的生产和生活方式。中国古代历朝的统治者都非常重视定居的生活方式，并以此为标准，要求当时帝国内部的居民都定居在统治者划定的农耕区域内。而北方游牧民族的生活方式一直以来都不被汉人认同。无论是因畜群在山地和平原之间流动而形成的季节性迁移，还是因游牧民族追寻牧草和水源而形成的游牧性迁徙，各种不同的放牧方式之间区别并不大，经济利益也不是放牧的主要目的。在高原上放牧畜群的山地牧民没有固定的迁移目的地，哪里适合放牧就迁到哪里，而草原上的牧民则会根据季节的更替定期迁徙到固定的放牧草场。

由于游牧民族居无定所，中华帝国的定居管理机制很难将牧民归类到某一个地区，所以称之为"蛮人"。朝廷认为游牧民族很难控制，并且对他们充满偏见，认为游牧民族贪图钱财。在朝廷看来，游牧民族赤裸裸地追逐利益是不光彩的，因为它破坏了国家秩序的基础。因此，很长一段时间内，商人的地位非常低，甚至居于农民以及手工业者之下。对于来自沙漠绿洲以及游牧地区的商人，汉人普遍持有偏见：虽然北方游牧民族的生活方式完全不同，却被贴上了固定的身份标签，那就是游牧民族有攻击性、无比贪婪、追逐功利。

自我认同与他者感知

汉人常常对外国人持有保守的态度甚至是觉得高人一等；同样，汉人也被周边邻国的人贴上很多标签，而且汉人可能自己根本就不自知。

各个民族要想与其他民族区分开来，首先得有明确的集体自我意识，同时还要凸显——必要时甚至还要强调——各自民族的自身意义。谈到民族自身的意义，往往就会提到历史悠久这个词，因为每一个民族都希望把自己的历史追溯到更加久远的过去。比如，有一些蒙古人并不认为他们只是蒙古帝国成吉思汗的后代，他们更愿意称自己是历史更加古老的匈奴人后代。匈奴人是混合游牧民族，早在公元前就对当时刚刚成立不久的西汉帝国造成威胁，是西汉的主要对手。

就各个民族的名称来历而言，在少数民族中比较年轻的要算维吾尔族了。维吾尔族人主要聚居在今天的新疆维吾尔自治区塔里木盆地周围的各个绿洲上，直到20世纪30年代，这些讲突厥语的绿洲居民才被统一称为维吾尔族，并宣布信奉伊斯兰教。人们可能并不知道：新疆地区的很多地方族群虽然各自关联并不很密切，但是他们大都曾有同一个徽号——回鹘人。回鹘人曾经在蒙古建立了草原上的回鹘汗国，并于8世纪达到其全盛时期。

如果我们回溯一下维吾尔族的发展历史，就会发现维吾尔族与回鹘的关联之处：840年，漠北回鹘汗国被黠戛斯所灭，回鹘部众纷纷流亡逃散，其中很大一部分回鹘人在今天的塔里木盆地的东部边缘地带定居下来，并在吐鲁番绿洲上建立高昌回鹘国，定都高昌。在接下来的几百年当中，佛教、伊斯兰教以及聂斯脱利派都在高昌得到了发展。另一部分回鹘人则南逃到了今天的甘肃。随着时间的推移，逃到甘肃地区的回鹘人将喇嘛教（又称"黄教"）视为当地的主要宗教派系，他们的后代被称作"黄头回鹘"。甘肃的这支回鹘后裔在现代官方的描述中被称作"裕固族"。和他们的祖先一样，裕固族也靠游牧为生。与北边吐鲁番绿洲上信奉伊斯兰教的维吾尔人相比，裕固族人与昔日强大的回鹘汗国具有更加紧密的关系。不过，裕固族并不完全与回鹘一样，两者在语言上并不完全相同。如今，讲突厥语、蒙古语以及讲汉语的裕固族人各占三分之一左右。当然，无论他们将哪一种语言作为主要沟通语言，这些语言都分别发生了一些演变。

关于每个族群或民族的从属关系或称谓，从来就没有简单明确的划分依据。各个民族都越来越强烈地希望找到自己鲜明的族群或民族身份，甚至经常用编造的历史来说明自己民族源远流长。如果只是从语言和文化特征上区分不同的民族，似乎还可以找到划分依据；如果再加上人类学这个因素，那就非常难以区分了。从目前的考古发掘来看，确实难以归类。在新疆地区发掘出来的干尸，其发色为金黄色或红色，并且根据当地发现的文字记载足以说明，干尸其实是原始印欧人的一个分支。根据这一发现，考古学家认为这个分支就是古希腊人所称的吐火罗人，并认为这个分支与原始印欧人是同一个族群。不过，这样的推断并不具备足够的说服力，而且考古学家援引的"考古证据"分别来自不同的历史时期。

尤其令人感到荒诞的是：一些西方学者根据最新研究成果认为，来自原始印欧人的一个分支——也就是最早的吐火罗人——促进了中国文化的昌盛发展。这些学者甚至宣称：在公元前2000年至公元前1000年期间，吐火罗人把当时最重要的技术成果带到了新疆，并继续传到东方，包括青铜技术、铁器加工，还有战车、马镫等设备及工具的应用。很可惜，这样的推测和考古学上的时间顺序并不一致，而且关于语言学和人类学上的论断也缺乏相应的科学基础。

在塔克拉玛干沙漠和戈壁周围的洞窟中，考古发现了很多伊斯兰教和佛教的圣物。洞窟壁上还能看到最初的壁画描述。考古学家在对这些壁画进行分类时，已经采取了非常严谨的标准。在发现壁画之前，只能根据文字记录进行语言学上的分类；而有了这些壁画上出现的人物图像，就能根据他们的体型、发色和脸型来识别他们所属的族群。长久以来，考古并没有发现从远古时代留传下来的确凿文字记录材料，而只是根据一些发掘出来的遗物做出推断，这样并不总能如实反映他者感知。如果只是根据推测来构建关联，或者只是主观认为中亚地区的民族多样性具有某种"规律性"，其实没有太大的意义。在后来的各个历史时期，民族多样性的存在其实也是各不相同。

第四章 ——————— 国家与联盟

丝绸之路沿线国家的发展历史一直处于复杂的政权交替更迭和持续延绵的过程当中。特别是在中亚地区，不同的统治者和联盟政权快节奏地频繁更替；而在中亚的周边地区，统治政局相对稳定。在丝绸之路的西部地区，以博斯普鲁斯海峡[1]为关口，权力扩张尤为明显：首先是拜占庭帝国[2]（395—1453年），自认为是罗马帝国的合法继承者；之后是奥斯曼帝国[3]（1453—1922年）。

位于丝绸之路东部的中国，一直是一个相对稳定的国家。但是，在历史发展过程中，中国虽然名为统一的国家，却并不完全处于始终统一的状态。如果仔细观察中国作为统一国家的历史，就会发现在过去的两千年当中，中国也曾出现分裂；特别是220—589年中国处于各政权纷争时期，907—960年则是

---

1 博斯普鲁斯海峡，又称伊斯坦布尔海峡，是沟通欧亚两洲的交通要道。——译注
2 拜占庭帝国，即东罗马帝国。拜占庭又称新罗马，帝国核心位于君士坦丁堡和欧洲东南部的巴尔干半岛，领土曾包括亚洲西部和非洲北部，极盛时领土还包括意大利、叙利亚、巴勒斯坦、埃及、高加索、西班牙南部沿海和北非的地中海沿岸，是欧洲最悠久的君主制国家。——译注
3 奥斯曼帝国自消灭东罗马帝国后，定都于君士坦丁堡，且以东罗马帝国的继承人自居。奥斯曼帝国的君主苏丹继承了东罗马帝国的文化及伊斯兰文化，因而东西文明在此得以统合。——译注

中国历史上的五代十国时期。历史上，汉民族政权多次遭受来自北部草原地区的邻族侵扰，导致中国的疆域曾经多次发生变化。北魏时期（386—534年）的拓跋族、辽代（907—1125年）的契丹族、西夏时期（1038—1227年）的党项族、金代（1115—1234年）的女真族一直都是在北方地区建立政权，而蒙古族（1280—1367年的元朝）和满族（1644—1911年的清朝）建立的政权则控制了整个国家的疆域，一直到南边的沿海地区。

天子皇帝

中国古代虽然经历过不同朝代的更迭，但是我们仍然不可低估中国文化的吸引力和影响力，中国文化曾经对少数民族统治者以及他们的后代产生过深刻的影响。少数民族作为汉人眼中的"野蛮民族"，他们当权后，以令人诧异的快速节奏沿用了汉人的官僚结构和意识形态作为统治基础。在采纳汉人的政权体制时，少数民族的统治者及其继承人都非常注重政权的延续性。因为汉人的政权体制核心一直可以追溯到公元前的朝代，历史比较悠久，所以少数民族的统治者认为，汉人的国家体制和统治法则是最好的统治工具，能够让他们重新建立的王朝政权更加合法化。

　　根据汉人的政权体制，皇帝被看作是天子，负责维护人和宇宙之间的和谐。皇帝的权威不仅仅体现在政治、军事或文化边界所勾勒的疆域范围，而且还体现在普天之下莫非王土的观念上，至少是在原则上，皇帝认为全天下都是他的势力范围：各个国家及其人民都被划分为不同的等级，关键得看他们对受儒家思想影响的王朝政权表现出多大程度的臣服。皇帝作为天子统治者，是秉承天意治理天下，从这个意义上看，对中央帝国（中国）的统治仅仅是皇权的一部分。

　　汉人的国家政权体制在很多方面就像一个家族结构，每一个家族成员的特权和义务都有明确的规定，并且等级森严。不过，国家体制和家族内部结构毕竟有所不同：家族里一家之长的地位不会受到侵害，而皇帝的王位虽属于奉天承命，但是他的政权却一直面临各种威胁，包括各种自然灾害、饥荒、敌对势力侵扰、国内起义和动乱、各种不吉利的凶兆以及周边小国停止纳贡等等，都会造成皇权不稳定，最终导致朝代更替，出现新的更加合法化的政权。

　　汉人建立的王朝主要是受到北方民族的威胁，所以汉人在北部建造了万里长城。万里长城在16世纪作为一个绵延万里的庞大建筑工程，具有重要的战略防御作用。但是长城绝对不是难以战胜的防御屏障，面对北边游牧民族的侵扰，汉人在军事上常常无法抵御。为了化解与北边游牧民族的矛盾，汉人提出了其他解决方案以及合作方式：首先就是慷慨地赏赐各种礼物、封授各种好听的爵位头衔，以及通过公主外嫁的方式和平联姻。为了克服经济、政治以及文化上的差异，最重要的沟通桥梁就是保持合理的贸易通商关系。在这种情况下，长城就发挥着重要的通商关口的作用。对于国家来说，可以借机在长城设立检查站，检查和控制商品的流入。因此，在历史上的各个不同时期，长城沿线所设立的各个贸易关卡都跟防御堡垒一样起着非常重要的作用。

　　而在中国南部地区则是另外一种情况。南部一般都被看作是"天然的"势力扩张地区。为了尽量控制开发成本，朝廷对南部地区投入不多，只是放手让当地的首领在自己的势力范围内稳定发展，前提是他们必须承认皇帝的最高统治权。

　　这样一来，在朝廷和"南蛮地区"之间就形成了缓冲地带，朝廷和那些不顺从的南蛮人保持着某种安全距离。朝廷认为中华文明的优良传统根本就无法推广到那些蛮荒地区，也就相应地大力削减了在南部地区的军事干预经费，并把节省出来的财力和人力投入了小部分到和平共处的怀柔政策上，以期南蛮人能够自愿削弱他们在政治和文化上的独立性。随着越来越多的商人和农民迁居到南部地区，当地的汉化进程进一步加快了，最终，不仅仅是出于国家财政的利益考虑，中央政府开始逐步派遣官员接管南部地区。

　　当然，中央政权的最高权力所能触及的周边国家，是否会执行朝廷的主权要求，完全得看不同时期中央帝国的实力以及当朝皇帝的威力。毕竟，从国与国之间的协调交往当中，并不只是"天子皇帝"才从双方的关系当中获益。在周边那些邻国，统治者们也借助天子对他们的认可，来巩固自己的政权，因为天子象征着文明社会的最高皇权。他们常常只是在名义上对天子表示臣服，以此获得权力的合法化认可，并保住了自己的统治地位。通过这种结盟关系——主要是各个国家统治者之间的结盟，而不是各个国家之间的结盟——使得各个政权之间相互依存，并且长久以来，周边各国都以古代中国文化的各项准则为参照标准，地域范围包括今天的朝鲜半岛、越南以及琉球群岛，日本文化当中也有很大一部分是由中国流传过去的。

中国古代的政权体制和文化具有很强的适应性和灵活性，这一点尤其体现在古代中国与其他遥远国度的交往之中。15世纪时期，郑和率领庞大的船队展开大型的航海活动，远航进入西太平洋和印度洋，一直抵达非洲东岸。虽然当时船上也装备了军事力量，但是将领们很少愿意动用武力。郑和航海的主要目的并不是通过彰显皇权实力来敦促沿途各国的统治者前来臣服，继而认可中国皇帝的权力地位；郑和受命下西洋更多的是明朝皇帝的一种姿态，表明朝廷愿意与各个国家和谐相处。因此，郑和下西洋每到一处都可以入乡随俗，既对佛教大加赞赏（在今天的斯里兰卡），也对伊斯兰教表示了重视（在今天的阿拉伯半岛地区）。

在很多历史记载中，中国受到了其他国家的称赞。5世纪时期，罗马人编纂的《东汉历史》记录了如下内容：

> 无论是从国家的疆域面积还是从国民的道德素质来看，这个国家都堪称是中央帝国。……这里的人都天生正直，性格诚实善良。市场上所有的商品都有统一定价，粮食和其他食物都很便宜，并保持价格稳定不变。整个国家都是一片富裕充足的繁荣景象。来自周边邻国的使者到达边境时，就由官方的驿马将他们带到帝都，皇帝会赏赐给他们黄金和白银。我们的国王早就想和汉朝建立外交关系。汉朝的统治者也表示只和罗马继续开展丝绸贸易，并因此设立贸易关卡，限制其他国家的商人通行。

上帝的象征

和中国古代的统治阶层一样，拜占庭帝国的政治精英也有着强烈的历史使命感，特别是相比其他那些"蛮族"而言，他们更是充满了文化优越感。拜占庭帝国的统治者认为自己源自古希腊的传统，他们还认为自己是从古希腊文化中接受了最初的教育主张。有时候，他们也为继承了古希腊传统文化中的雄辩术而自得，以至于后来给人留下了一种颓废衰落的印象，在科学研究的某些领域也是如此。

尽管古希腊文化备受推崇，但是还不足以作为意识形态的基础。因此，在古罗马帝国时期，为了大力巩固政权的稳定性，必须借用基督教的教义，以确保皇帝的权力合法性。皇帝之所以能够拥有皇权和宝座，主要有两个方面的支撑理由：其一，皇帝是上帝所选，受上帝之命来到尘世间掌管拜占庭帝国；其二，皇帝虽说是拜占庭帝国的皇帝，但是他的统治范围和神圣使命涵盖整个地球。据此，拜占庭帝国先后提出了两个执政口号："世界即罗马"，"罗马帝国统治下的太平盛世"。

拜占庭帝国在原则上确实遵循了这些口号而行事。但是，古希腊文化过于自高自大，不利于拜占庭帝国从中自发找到归属感。也正是出于这个原因，拜占庭帝国对异族人的包容和接纳远远不够。相比之下，在早期的古罗马帝国时期，每个所谓的"蛮族后代"都能够获得公民权，并且能够认同帝国的道德准则和价值观。古罗马帝国虽然在军事上一直战果累累，但是并没有实现最初的愿景。不过，由于帝国一贯的豪放风格，每次在战后都能与战败的民族结成联盟。从这一点来看，古罗马帝国的结盟效果远远超过了之后的东部帝国。

拜占庭帝国的历史使命感在后期并没有随之出现采取行动的急迫感。所以，到了帝国后期，发生了一系列灾难性的政治和军事事件，最终导致了帝国逐渐衰落。11世纪时，柯考米诺斯在他编纂的《罗马人的故事》（其实更应该说是拜占庭人的故事）中专门提到了待在后宫不理朝政的皇帝，并对此发表了以下批判性言论：

> 罗马人的皇帝和大将军总是觉得：无论是在罗马还是在拜占庭，都能一样统治国家。……所以，他们一会儿跑到罗马，一会儿又跑到君士坦丁堡。相比而言，皇帝待在君士坦丁堡的时间并不多。当时，所有其他的国家都是一片和平景象：整个欧洲地区、利比亚、亚洲的大部分地区等等。亚美尼亚、叙利亚、腓尼基、巴勒斯坦、埃及以及繁荣庞大的巴比伦王国都是罗马帝国的臣民。从此以后，帝国内部就开始出现松散懈怠、不理朝政的情况，如同瘟疫一样四处弥漫。罗马帝国随之日渐衰落。

伊斯兰教信徒的领袖

在信奉伊斯兰教的国家和地区，统治者的权力要求最初主要是指信徒的团结与联合。根据伊斯兰教逊尼派的传统，哈里

发（意为"继承者"）是所有穆斯林的宗教领袖，其地位源于
先知的血统。不过，哈里发制后来被废除。先知穆罕默德在世
俗行政管理上的很多权力实际上是由苏丹（"统治者"）来执
行。原则上，苏丹应该接受过宗教的授职礼，其统治范围仅限
于确定的区域。

和其他伊斯兰帝国的最高首领一样，奥斯曼帝国的统治者
苏丹也沿用了哈里发的称谓。直到18世纪，苏丹这个名称重新
被赋予了普遍性的要求：首先是为了确立意识形态的基础，最
终目的是实现更大范围内的泛伊斯兰教统治。为此，奥斯曼帝
国的统治者更愿意被称作"圣地的仆人"。他们认为，只有对圣
地麦加的统治权以及对朝圣者的庇护权才能确保他们权力的全
面合法化。历史上曾有多个朝代都非常重视对圣地麦加的统治
权，包括倭马亚王朝（Omaijaden，661—750年，首都是大马士
革）、阿拔斯王朝（Abbasiden，750—1258年，首都是巴格达）、
马穆鲁克王朝（Mamelucken，1250—1517年，首都是开罗）。

朝觐是伊斯兰教的五大功修之一。《古兰经》规定，每一
个成年的自由穆斯林，无论身处多么遥远的国度，也无论路途
多么漫长或危险，只要在身体和经济上有能力，那么在一生当
中至少应该到圣地麦加去朝觐一次。朝觐道路有很大一部分都
和丝绸之路的沿线交通网络联系在一起，如何保护信徒们在朝
觐路上的安全，任何一个有威望的统治者都将此看作是自己的
首要任务。还有一项任务也非常重要：维护广袤的势力范围。

朝觐路上的安全、食宿和交通各个方面是否能够有保障，还需要通过协商、示好或者恐吓威胁等手段多管齐下，这样才能保证朝觐顺利进行。对于每一位朝觐者以及"信徒的领袖"来说，朝觐安全顺利才是最重要的。

还有一点需要说明：麦加不仅是虔诚的信徒朝觐之地，同时也是一个非常重要的交易场所。商人可以利用朝觐的机会从事贸易活动，而且很多朝觐者也把货物带到麦加出售，以赚取路费。在返程途中，他们也会带一些货物回去卖，以便赚取差价。特别是那些比较罕见的奢侈品，成交量都非常大。中国的瓷器大批被卖到圣地麦加，因而成为当地贵族阶层最喜爱的馈赠礼品。不过，送这么贵重的礼物并不总是能够带来溢于言表的谢意。曾经有一位奥斯曼帝国大臣到访，东道国的统治者赏赐给他一套含千余件瓷器的餐具。但是这位大臣却把所有瓷器摔得粉碎，原因竟然是他认为东道主在递交礼物时并没有遵守相关的礼节。

世界的统治者

何谓世界帝国？文明程度发达的欧洲人曾经做过很多尝试，也提出了很多建议。但在多数情况下，他们可能会反思欧洲自罗马帝国到大英帝国的历史。在欧洲人看来，蒙古帝国则是一个例外。直到今天，很多人对蒙古帝国的初步印象仍然是策马驰骋在广阔草原上的原始部落，四处掠杀，大肆抢夺。欧洲人甚至认为蒙古人根本就没有建立有序的国家体制。

对于蒙古人的直觉联想往往是"残暴、狡诈、令人生畏"，这有点以偏概全的说法并非全无道理。蒙古人最主要的战略之一就是大肆使用武力。另外还有一点不容忽视：历史上还没有哪个帝国能够像蒙古帝国这样拥有如此广袤的疆域，就连苏联都没有做到。蒙古帝国不仅疆域辽阔，而且实现了蒙古帝国统治下的太平盛世。当时，蒙古帝国东起中国东部海岸，西至波罗的海，总面积相当于今天德国领土面积的70倍，几乎涵盖了陆上丝绸之路沿线的所有国家。

虽然蒙古帝国是在成吉思汗去世（1227年）后几十年才达到如此规模的疆域，但是这一切都归功于成吉思汗统治时期多次成功的西征历程和社会革新措施。成吉思汗最大的功绩是打破原有的传统等级制度，制定了一种全新的秩序：不再根据世袭出身来确定社会地位，而是根据成绩和贡献来确定身份。统治阶层的家族成员虽然不受这一规定的限制，但是可汗坚持认为，凡是忠诚的追随者都应该享受相应的待遇。

通过这样的改革措施，不仅仅是个人，甚至是集体、全民都可以不论出身只论业绩而确定身份和地位。尽管还有很多规定仍然在强调各个民族之间的差异，特别是蒙古人的排他性，但是阻碍融合的主要因素还是语言、文化和社会结构的差异。无论哪个民族，若敢反抗，就会被无情地屠杀。因为成吉思汗确定的战略目标就是全面征服敌人，而不再只是满足于掠夺战利品。所以，相对来说不太复杂的民族融合以及社会地位上升通道保证了蒙古帝国的实力壮大，而且那些已经取得较高社会地位的人随时随处彰显自己的优势，也造成了一种心理恐慌，激励着其他人更加努力。

　　成吉思汗之后的新一代统治者最终制定了基本的管理机制，以保障蒙古帝国能够持续发展壮大。在丝绸之路的贸易发展背景下，纸币的流通和水的供给服务——其中水井和储水设施的开挖和建设尤为突出——同样重要。为此，蒙古帝国制定了一系列全新的措施和办法，设置了专门的信使驿站，并配套了完善的基础设施，以保证信使能达到最快的速度，自此以后，驿站信使的神速就被大家所熟知。马可·波罗对此曾有过详细的描述，虽然有些地方略显夸张：

　　　　在每一条大道的旁边，每隔二三十里路程……就设有一个驿站，专门给路过的人提供食宿。……驿站还配备有四百匹快马，能够保证大汗的信使和使者每到一个驿站就能够随时换上新的马匹。甚至是在一些人烟稀少的山区……即使离大路比较偏远，也建了类似的驿站。大汗专门派遣了人员驻守在驿站，他们平时负责耕种土地，必要时就得完成信使的任务。据统计，一共有二十万匹驿马和一万多个驿站供信使使用，驿站的设施能够满足信使的必要生活之需。……在驿站与驿站之间的路途中，每隔三里路的地方就有一个小村庄，村子里大概建了四十来个屋舍，以供快报信使歇脚居住。这些信使也是大汗的专用信使，负责传递快报消息。他们的腰带上都挂着小铃铛，这样就能让人远远听到有快报送达，以便下一个驿站的信使提前做好准备，能够及时接过快报并继续接替下一段路程的疾驰运送。

不过，蒙古帝国虽然采取了这么多措施，但是帝国还是很快就分崩离析了。主要原因是：帝国政权与统治机制并不一致。蒙古帝国通过武力扩张以及统治者个人的感召力建立了政权之后，他们直接借鉴了那些被征服的国家所沿用的官僚机制，而这些国家的组织结构大多并不相同，使得蒙古帝国的政权和统治机制两者之间并未达成一致。另外，蒙古帝国也没有成文的国家教义，还没有形成统一的世界观，以至于可汗的权威最终未能持续稳定下来。"这个强盛的伟大民族有位大海一样的可汗"（贵由大汗给罗马教皇英诺森四世写的信中如此描述可汗），遗憾的是，大海一样的可汗，其权威并不长久。

自治与专制

　　无论如何，能够建立规模如此庞大的帝国实属罕见的壮举。中亚地区一直以来都是规模不大的地方小国，尽管权力更替频繁，依附关系或强或弱，但是各国人民始终都在努力维护自己的民族特性。因此，疆域上的统一并不能保证真正意义上的统一；有一些小的城邦自治国家，或者是那些松散的联盟，他们的政权体制反而能够持续更长的时间。

　　中亚地区粟特人的政权历史就是一个典型的例子。粟特人一直在阿姆河与锡尔河流域之间的地区从事大规模的农耕种植，很早以前就想尽各种办法利用水利灌溉系统促进农耕。在长达几百年的历史上，对于粟特人来说，农业和商业具有同等重要的意义。

　　由于粟特人非常重视商业，所以他们也被称作有商业头脑的人，甚至远在和田地区的人都以"粟特人"这个名称来统称各个地区的商人。关于粟特人的这种经商能力，有很多流传下来的说法，就连中国人也发挥自己的想象力来这样描述粟特人的经商传统：

　　　　在粟特人的传统中，母亲让小孩子吃糖都是有用意的，希望他们以后经商时会说甜言蜜语；家长们还在小孩子的手心抹上糨糊，意味着他们经手的那些贵重物品能够牢牢地粘在他们手上。粟特人都是天生的商人，男孩子们从五岁开始就要专心读书，一旦他们能够理解书中的知识，他们就要学着自己做生意了。

关于粟特人的文明生活方式，从他们遗留下来的建筑物就可略知一二。8世纪时期，粟特人在彭吉肯特（位于今天的塔吉克斯坦境内）建立了城堡。如今，在城堡遗址上发现的王室遗物中，可以看出当时的统治者具有强大的自信。除此之外，就连那些私人的住宅在陈设上也不比王宫逊色。通过考古发现，粟特人所生活的地区，只要不被其他扩张的邻国所征服，那么他们的政治秩序和政权体系总会蓬勃发展。可惜，历史上，粟特人多次被邻国势力所征服。不过，凡是在粟特人独立自治的历史时期，每一个城市都能有高度的自治权，贵族成员也保留有广泛的话语参与权，他们甚至能够参与推选王国的统治者。

即使是在异族统治时期，粟特人大多也能保留最低限度的自治灵活性，以保证他们能够自由活动、独立经商，并最终促成粟特人所在地区的繁荣昌盛。

从很多方面来看，在戈壁和塔克拉玛干沙漠的周边地区，那些建立在绿洲上的国家最初的情形都差不多。但是，各个国家的自治和专制程度略有不同，在此仅举一例：高昌国的国家结构明显属于专制统治，几乎每一个重要的决定都必须得到国王的支持和同意。另外，还有一点不容忽视：历史上，这一地区的许多小国几乎都难以抵御中原政权的统治扩张，纷纷以中原的封建体制为参照，并加以借鉴。因此，直到今天，当地很多古老城市的遗址依然呈现出明显的中原特色，无论是在城市呈现轴对称的布局上，还是在区域划分方面，都以中原政权当时的城市建设为参照。

在东南亚地区的岛国，最初都没有中央集权的统治体系，而是通过自治的方式呈现出明显的平等主义特色。而那些以经商能力著称的民族，比如布吉人、望加锡人、马来人，他们的国家体制又是另外一种情形。从目前可以追溯的历史记录来看，这些民族最基本的经济、社会和宗教活动都是由少数的领导精英来统一协调。当然，这肯定不是欧洲殖民政策在当地导致的结果，尽管异族统治多多少少都直接促成了当地的中央集权趋势。真正对当地政权产生持续影响的因素主要体现在宗教层面：佛教、印度教以及伊斯兰教的国家理念长久以来都深深影响着国家的统治形式。

由此可见，权力地位在建立、保持和维护的过程中，宗教具有不可低估的作用。在古代中国的国家崇拜当中，并没有明确的神旨，统治者权力归根结底还是奉天承运。中国历史上历代皇帝被称为天子，但是这依然无法解释为何形成了等级森严的帝国结构，也就无法从单一因果关系来解释帝国的体制。东方国家的集权制度从统治要求上看，难以找到其根源。由于采取了中央集权，帝国需要一套烦琐的行政管理系统，比如为了治理洪涝灾害以及开挖水利设施，只有借助于自上而下的强制性管理机制才能统筹协调一切。

第五章 —————————— **贸易与朝贡**

　　如果我们认为丝绸之路首先是一条连贯东西的贸易通道，那么关于在丝绸之路枢纽地区的商业贸易活动，我们了解得还非常不够。仅仅是在个别地区，我们还可以间或还原当时的大宗贸易数据，并且大多数情况下只是限于一个较短的时间范围内。关于丝绸之路的研究活动广泛涉及很多方面，但是几乎无一例外，信息数据都非常匮乏。研究者们尤其是在理论层面自始至终都在贯彻庞杂的"世界体系"模式，而较少对事实进行分析。那些得以证实的重大事件之间究竟具有什么样的历史关联，有待于我们进行彻底的研究。

商人

　　关于丝绸之路沿线的生活日常以及实际贸易活动，文献记载相对较少。在此，要特别提到14世纪时期的意大利商人弗朗西斯科·巴尔都斯·裴哥罗梯（Francesco Balducci Pegolotti），他专门编写了《通商指南》小册子，告诉那些想到中国做生意的欧洲商人，必须了解哪些相关策略：

欧洲商人要想到中国去做生意，首先得留长胡子，而且绝对不能刮胡子。到了塔纳（顿河入海口附近的城市），就得雇翻译了，千万不要怕花钱。因为好的翻译人员能起到很好的沟通作用，通过翻译的有效沟通所节省下来的费用远远高于雇翻译的成本。另外，建议大家至少要带两名精通库曼语（突厥语族）的随从伙计。如果商人想从塔纳带一名女性随行，当然也可以，但是从必要性来讲，这并不是必须的，只是可以接受罢了。同样，这名女性也应该像那两个男随从一样精通库曼语。从塔纳到吉他尔汗（阿斯特拉罕）的途中，要带上足够25天的食物给养，也就是说，要带够面粉和咸鱼，而肉在沿途到处都可以搞到。一路上，从一个国家进入另一个国家时，都有相应的驻点。这些驻点都是重要的歇脚处。假设一个商人带着一名翻译和两名随从伙计，同时还带了相当于25000弗罗林金币的货物，那么在抵达中国之前，应该需要60~80个银币的盘缠，大约相当于300~400个弗罗林金币。这些钱如果能够精打细算地省着花，应该能够支付一路上的花销。凡是带入中国的银币都会被当地政府查收充公，然后入缴国库。根据被没收的银币数量，当地政府将支付等值的银票，也就是一种黄色的纸币，上面盖着皇帝的印章。

除了上述信息之外，小册子里还列出了一系列的清单，包括沿途各地重要的风俗习惯、商品包装的大小、流通货币的种类，以及各地装卸货物时应支付的税金和费用列表等。最为重要的是，小册子中还列出了丝绸之路沿线可能会流通的商品种类大全，包括从顿河到黄河之间各地市场上可以买到的所有商品，从锦缎到貂皮，从蜂蜜到葡萄酒，应有尽有。

另外，裴哥罗梯还提醒他的欧洲同人：在经商的过程中，一定要坚持诚信开放。他认为，做生意时，即使能够赚到更多的利润，也应该严格按照协议办事。但是，关于商人的作用，还有另外一些说法。在吐鲁番绿洲上，考古发现了几百年前的一段文字记录，记录声称当时的商人到处都深受大家的喜爱，赞美之词溢于言表。不过，文字记录的部分内容还是令人难以置信：

> 商人马不停蹄地……进行通商贸易活动，并带来利益。……他们从东到西四处奔波，就是为了满足大家的愿望。他们带来了成千上万的宝贝，简直就是世界的奇迹。……所有的商人都是这样深受大家的喜爱。快来加入他们吧！为他们敞开大门吧！

来自古代中国的奢侈品

　　丝绸之路这条贸易通道因而得名的，正是古代中国最重要的出口商品——丝绸。一般来说，丝绸通指用蚕蛹的丝腺分泌物制成的织物。各种类型的蝴蝶科昆虫在变蛹的过程中都会吐丝，其中，蚕蛾（Bombyx mori）吐的丝是质量最好的丝线。蚕蛾在幼虫阶段主要是吃白桑树叶子（Morus alba），中国早在5000多年前就已经开始用桑叶养蚕了。蚕丝柔软光滑，从蚕丝的重量上就能够判断其质量是否精良，长约9000米的蚕丝，其重量一共不到3克。

　　当然，在把蚕丝最终纺成丝线之前，还有几个必要的步骤：首先是煮蚕茧（以便杀死蚕蛹），然后是缫茧丝（把茧丝合在一起成为比较粗的丝），最后是丝脱胶（去掉蚕丝上的丝胶）。根据丝绸的不同加工工艺，早在中国汉朝时期丝绸就包括绫、罗、绉、锦、缎等不同的类型；丝绸织物的图案一般都是用不同的染色丝线织成，并且采用不同的织造工艺，包括压褶、刺绣等。

　　据考古发现，丝绸最晚是在公元纪年前后开始大规模进入西亚、北非和欧洲地区。在巴尔米拉（今叙利亚境内），考古队发现了部分丝绸残片，经后期考证分析，这是来自中国东汉时期的产品。这一发现令人印象深刻，生动反映了汉代丝绸之路国际贸易的盛况。虽然从考古发现中可以明确获知丝绸产品很早就已传入欧洲，但是具体从什么时候开始，尚无定论。有推论说，来自中国远东地区的纺织品在公元前1000年的早期就已经传到了埃及、爱琴海地区，并最终到达德国南部地区。不过，针对这一说法至今还有很多争论。另外，还有一种流传下来的说法，认为是在几百年之后，丝绸制作工艺通过"工业间谍"传到欧洲，使得丝绸制作工艺不再神秘。这样的论断也几乎经不起推敲。

至于丝绸大规模传入古罗马帝国并迅速引领时尚，有一点可以作为佐证：当时专门从事丝绸贸易的商人越来越多。另外，古罗马时期很多知名的思想家都留下了关于丝绸的记录，包括贺拉斯、苏维托尼乌斯、塔西佗、卡西乌斯·狄奥等。他们认为，丝绸受人喜爱尤其是因为它轻盈透气。当然，古罗马诗人的观点并不总是能够让人觉得丝绸是多么美好的奢侈品，有时反而引起了关于道德风化的激烈论争。对此，古罗马哲学家塞涅卡曾有过相关描述：

> 我觉得丝绸做的服装——如果它们真的还能称得上是服装的话——根本就没有具备服装的功能，因为服装主要是用来蔽体遮羞。如果女性穿了丝绸服装，她就可以心安理得地声称她并不是一丝不挂。现在很多人都想尽办法购置丝绸服装，其实他们并

没有意识到，他们的这种消费行为究竟意味着什么：（只是）为了在公共场所看到更多身穿丝绸服装的女性，这就跟在卧室里看到了通奸的人一样。

塞涅卡的劝诫在当时并没有达到预期的效果，而且关于着装的道德准则也并没有在接下来的几百年当中成为道德风化的标准。人们对于丝绸的追崇反而愈演愈烈。对此，有历史学家断言：在古罗马帝国时期，人们对于丝绸这种昂贵的奢侈品毫无节制的消费需求，导致了当时的经济衰败，甚至最终直接导致了罗马帝国的灭亡。这一论断是否成立，确实值得探讨。但是有一点可以肯定：丝绸织物最初在东、西方都一直拥有很好的销路，当时东方主要是指伊斯兰教的世界，而西方则主要是指基督教的世界。据传，809年，阿拔斯王朝的哈里发哈伦·拉希德（Harun ar-Raschid）去世时，不仅留下了很多武器、首饰和香料，还留下了大量的纺织品，其中包括无数的丝绸服装以及大量的丝绸枕头、窗帘和丝毯等。

在哈里发哈伦·拉希德的遗物清单中还列了1000件产自中国的器皿。据估计，这些器皿都是陶器制品，就跟在萨马拉（今伊拉克境内）发掘出来的唐代陶器制品一样，因为当时瓷器在中国生产规模还很小，并且仅供宫廷使用。当时的瓷器非常珍贵，被誉为"白色黄金"，几乎不会被出口到其他国家。例证如下：9世纪时期，在婆罗岛西海岸附近沉没的商船，本来是要返回波斯湾的最初出发港。在打捞沉船的过程中，人们在船上发现了67000多件制作精良的陶器制品，这其中没有一件是瓷器。瓷器的制作要求非常严格，采用高岭瓷土、长石和石英经高温烧制，只有这样才能保证瓷器的纯白色泽、透光质地以及清脆的声响效果。

专门用来出口到印度洋西岸地区的瓷器，很明显应该不是明朝之前的产品。在北非和东非地区出土的瓷器大部分都出自明朝时期。当时在欧洲，来自中国的瓷器是身份地位的象征：在法国贵族阶层的城堡里、荷兰商人的豪宅里以及奥斯曼帝国的宫廷里，中国瓷器是身份和威望的物质体现。瓷碗、瓷盘和瓷壶等都是重要的收藏品，最为引人注目的瓷器收藏是伊斯坦布尔的苏丹从15世纪开始收集的上万件瓷器。

随着瓷器出口数量的急剧上升，从17世纪开始，欧洲就出现了比较大的瓷器贸易国家，首先是荷兰和英国。据历史资料显示，在1756年，荷兰的东印度公司仅一张订货单上就列了如下订货信息：100个鱼盘，200个汤碗，8000个肉汤杯，1000个茶壶，194000个各种样式和大小的咖啡杯和热巧克力杯，还有1400个小奶壶。当时，欧洲需求量最大的是蓝白色的青花瓷，这种瓷器在当时的中国国内其实并没有受到很多关注。青花瓷的制作工艺比较特殊，在上釉和钴蓝烧制之前，就必须在坯体上用青花料画坯勾线形成花饰图案。据说这种工艺是中国古代手工业者从波斯的匠人那里学来的。

　　与此同时，欧洲人对中国茶叶的兴趣也越来越大。最初，欧洲人还以为茶叶是一种药材。尽管茶叶的价格昂贵，但是在18世纪上半叶，欧洲对茶叶的消费需求急剧上升。以英国为例，在18世纪上半叶，英国从中国进口的茶叶总量相当于在此之前的50年期间进口总量的250倍之多，这还不包括那些走私进来的茶叶。在当时中国国内的市场上，一共有50多种不同的茶叶，其中只有少数几个品种被英国的茶叶贸易公司全部买下，主要是产自今天的福建和广东沿海地区的茶叶。这两个省份也因为茶叶出口而流入了大量的银币。另外一种情况是中亚地区的茶叶贸易，中国人眼里的中亚"蛮人"从中国进口纸张、乐器和药材，同时也大量进口茶叶。他们主要是在今天的四川省采购茶叶，并用马匹来运送货物。

销往中国的外国货

　　中国历史的发展节奏不外乎取决于两种持续更替的主要战略：要么是对外开放，要么就是闭关自守。与此相对应，中国历史上也出现了两种经济政策：激进开放的贸易政策和封闭限制的经济政策。对于后一种情况，中国的皇帝可谓身先士卒，带头执行。根据公元前1世纪的一篇悼文显示，当时的那位中国皇帝既不喜欢"奇装异服"，也不喜欢任何"外国的产品"。曾经有几个历史时期，朝廷上下一致坚持严苛的闭关锁国战略，但是，这种与世隔绝的做法其实只限于官方层面，对进口的限制反而会导致走私活动的急剧增长，人们对外国产品的需求不仅没有减少反而还居高不下。

南宋地理学家赵汝适曾经列了一个产品清单，记录了通过海上贸易运到中国的产品名称。由于当时国家采取了限制进出口贸易的政策，所以赵汝适所列的这个产品清单并不全面。另外，如果再把经过陆路运到中国的产品计算在内的话，还需要补充很多产品种类，包括各种珍奇异宝：青金石、肉红玉髓、孔雀石、煤玉、水晶、翡翠、钻石以及琥珀等都应该属于销往中国的外国产品。除此之外，还有很多金属也曾远销中国，包括金、银、铜、锡、锌、铅等。

还有一点不可漏掉：无以计数的动物也被卖到中国，园林、牧场或者鸟兽苑主人都是买主，主要有马、骆驼、驴，还有比较少见的山羊、狮子、豹子、大象、长颈鹿、羚羊、老鹰、孔雀、鸵鸟和鹦鹉等。很多狮子和豹子最终被运抵目的地时，人们只是为了它们的毛皮。同样，紫貂、银鼬、海豹、旱獭和鹿等，也都是为了毛皮生意。

表8　13世纪中期，赵汝适记载的销往
中国的海上贸易商品（按原书顺序）

产品名称	具体说明	产地（今名）
樟脑	香樟树树叶的提取物	加里曼丹岛
乳香	乳香树树皮渗出的树脂	阿拉伯
没药	没药树的干燥胶树脂	阿拉伯
龙血树脂	藤棕果实的树脂渗出物	阿拉伯
安息香	安息香树脂	柬埔寨
达玛香	达玛香树脂	柬埔寨
苏合香	苏合香树脂	阿拉伯
栀子花	栀子花的干花	阿拉伯
玫瑰花水	玫瑰花瓣的萃取液	阿拉伯
沉香	沉香木质与能够散发香味的油脂的混合物	柬埔寨
檀香	檀香木	帝汶岛
丁香花干	丁香花的花蕾	阿拉伯
肉豆蔻	肉豆蔻的种胚	马鲁古群岛
血桐	血桐木	苏门答腊
菠萝蜜	菠罗蜜的果实	爪哇
槟榔	槟榔树的种子	海南
椰子	椰树的果实	印度
栎树瘿	栎树的树瘿	阿拉伯
乌檀	乌檀木	越南
苏方	苏方染料	柬埔寨
棉花	棉属植物的种子纤维	爪哇
玛顿	纤维植物	苏门答腊

续表

产品名称	具体说明	产地（今名）
川木香根	川木香的树根	阿拉伯
小豆蔻	小豆蔻的果实	柬埔寨
黑胡椒	黑胡椒的果实	印度
白胡椒	白胡椒的果实	爪哇
阿魏	阿魏属植物的根部胶脂	阿拉伯
芦荟	芦荟的叶子	阿拉伯
珊瑚	珊瑚分泌的石灰质	阿拉伯
玻璃	—	阿拉伯
蛋白石	—	印度
珍珠	—	斯里兰卡
砗磲	较大的贝类贝壳	越南
象牙	非洲大象的长牙	阿拉伯
犀角	犀牛的角质角	阿拉伯
灵猫香	灵猫分泌的腺液	阿拉伯
翠鸟羽毛	各种翡翠鸟的羽毛	柬埔寨
鹦鹉	一种鸟类	越南
龙涎香	抹香鲸的分泌物	阿拉伯
海龟	各种龟类的甲壳	加里曼丹岛
蜂蜡	各种蜂类的排泄物	菲律宾

值得一提的还有一些食品，比如大枣、藏红花、莲藕、菱角、葡萄、黄连等，都或多或少带有异域特色。最有名的应该是来自撒马尔罕的黄桃。

　　赵汝适整理的物产名单已经非常详细，调料、药材和染料这三个部分尤为细致，但是仍然有大量的物品有待补充进去。下列所补充的物产名称不求全面反映当时销往中国的产品类别，只是为了更好地展示当时进口的产品多样性：

　　砂仁（姜科阳春砂的种子），莪术（姜科植物莪术的根茎），芥末（芥菜的种子），莳萝（伞形科植物的叶子及果实），大蒜（蒜类植物的鳞茎），梧桐子（梧桐树的种子），蒌叶（胡椒科藤蔓植物的叶子），鸦片（源于罂粟植物的蒴果），马钱子（马钱树的种子），决明子（豆科植物决明的干燥成熟种子），蓖麻油（蓖麻种子的榨取物），大风子油（大风子种子的榨取物），琼脂（红藻植物的提取物），蛇胆（蟒蛇的胆），鹿角（各种鹿科动物的老角），燕窝（雨燕科动物分泌的唾液在空气中凝结而成的固体物），蓝矾（五水硫酸铜），硫黄（硫），蓝铜矿（蓝色的矿物），雌黄（黄色的矿物），孔雀石（绿色的矿物），靛蓝（菘蓝等植物叶子的蓝色发酵物），虫胶（紫胶虫分泌的紫色天然树脂），藤黄（藤黄树皮渗出的黄色树脂），娑罗树脂（娑罗属芳香树脂）。

　　关于古代中国进口商品的信息来源多种多样，虽然信息数量和质量各不相同，但是仍可从中得出各个转运中心类似的货物清单。上文提到过意大利商人弗朗西斯科·巴尔都斯·裴哥罗梯编写的《通商指南》小册子，对当时中国的商品进口情况做了比较详细的描述。他在书中列举了君士坦丁堡（伊斯坦布尔的旧名）及其周边市场上琳琅满目的商品类型，与赵汝适描述的中国进口物品信息有很多吻合之处。而赵汝适统计的数据比裴哥罗梯早一个世纪，主要是关于南宋时期中国沿海港口城市的海上贸易进口产品信息。从中不难理解，今天的博斯普鲁斯海峡对于昔日欧洲的丝绸进口贸易起着非常重要的作用。同样，在当时还有很多来自地中海地区的商品也大量出口到中国，比如各种各样的肥皂，主要产自威尼斯、安科纳、阿普利亚、塞浦路斯、罗德斯等地区。

贸易支付方式

为了重现丝绸之路沿线广泛的贸易关系，钱币学研究在此发挥着重要的作用。在亚洲的很多地区，根据文字记录和考古文物只能推断出一部分历史，因此唯一的方法就是通过钱币研究来确定各个历史现象的时间顺序。比如，关于贵霜帝国的年代和历史非常模糊，一直都存在争议，借助钱币学研究成果就可以得到论证。因为在中国境内发现了贵霜帝国的钱币，上面印着丘就却·卡德菲兹、威玛·卡德菲兹以及迦腻色迦一世的名字，而这三位皇帝都是贵霜帝国在 1 世纪到 2 世纪期间的君主，从中可以看出贵霜帝国早在那个时期就已经与东方建立了联系。

表9 在中国发现的萨珊王朝及拜占庭帝国时期的钱币
（部分钱币经加工或复制）

	统治者名称	在位时期/年
波斯萨珊王朝的银币	沙普尔二世	309—379
	阿尔达希尔二世	379—383
	沙普尔三世	383—388
	伊嗣俟二世	438—457
	卑路斯	459—484
	卡瓦德一世	488—497，499—531
	扎马斯普	496—499
	库思老一世	531—579
	霍尔米兹德四世	579—590
	库思老二世	590—628
	布伦	630—631
	伊嗣俟三世	632—651
拜占庭帝国的索里都斯金币	君士坦提乌斯二世	337—361
	狄奥多西二世	408—450
	利奥一世	457—474
	阿纳斯塔西乌斯一世	491—518
	查士丁一世	518—527
	查士丁尼一世	527—565
	希拉克略	610—641
	君士坦斯二世	641—668
	君士坦丁五世	741—775

关于古罗马帝国时期的钱币，在中国南部的邻国，也就是在今天越南的湄公河三角洲地区，曾经发现了古罗马皇帝安东尼·庇乌（138—161年在位）和马可·奥勒留（161—180年在位）统治时期的钱币各一枚。在中国发现较多的是波斯萨珊王朝以及拜占庭帝国时期的钱币，这些钱币主要是从4世纪开始持续流入中国。不过，根据考古发现，还不能完全推断出这些钱币就是当时重要的支付货币，因为大部分钱币并不是在困难时期作为存储的财宝，而更多的是当作墓葬品，通常放在墓中重要的位置，比如塞在嘴里。另外，有少数拜占庭帝国的金币被打孔，从中可以推断出，这些金币曾被当作首饰或者是挂在脖子上的护身符。还有一些钱币并不是真的，而是中国的仿制品。这种情况在粟特也出现过，粟特人曾经仿制过中国的钱币。

如果单从当时的贸易总额来看，从中国流入西方的钱币相对来说还不够多，而大量的中国钱币应该是经过海路流入今天的印度洋西部的地区。这主要是因为古代中国的钱币大多是用铜铸造的铜钱，其币面价值和实际价值相对较低，携带起来很不方便。铜钱在运输过程当中数量庞大，并且十分沉重。如果要支付大笔的款项，很难用铜钱来支付，特别是在陆上贸易沿线，要经过高山和沙漠地区，更无法携带大量的铜钱。根据目前的考古发现，在汉代曾经有少量的金条作为支付货币，而银币虽然早就开始使用，但是在大多数朝代，银钱的流通并不广泛。蒙古人最喜欢使用纸币，不过纸币受政治稳定性以及经济发展状态的限制，特别是在困难时期，外国的商人一般都不太愿意接收纸币。

在这种情况下，起关键作用的就是丝绸，丝绸成为一种非常稳定的支付方式。不仅在当时的中国国内，比如朝廷给官员发薪水有的就是用丝绸来支付，而且在很多对外贸易当中，丝绸也作为一种重要的支付手段。可以这么说，在丝绸之路沿线的贸易中，只要人们愿意，丝绸就是最基本的货币。没有哪一种货币形式能够获得这么高的认可度，伊斯兰世界的货币迪拉姆虽然流通广泛，甚至在受伊斯兰教影响范围之外的地区也能使用，但是并没有像丝绸这样获得高度认可。在丝绸之路沿线，只有在一些绿洲上才使用钱币，比如在古时的和田、库车和吐鲁番等地，因为在这些地区能够铸造或者压印钱币。

朝贡

在亚洲，礼尚往来的宗藩关系不仅成为东方世界的通行国际关系体制，还决定了统治者、国家以及人民之间的关系。特别是在中国古代，历代皇帝为了显示自己作为"天子"的身份，有义务确保天人之间的和谐共存。在这种情况下，周围各国向当朝的中国皇帝称藩纳贡，实际上就是承认中国"天朝上国"

的地位，而中国作为宗主国也要承担相应的责任。在古代，这种宗藩关系并不具有政治或者军事上的统治和被统治关系，作为宗主国的中国总是本着薄来厚往的原则，对朝贡者给予大量的赏赐，并负责安排接待朝贡使者进贡期间的生活起居。

朝贡作为"礼尚往来的外交手段"，在中国历代都是一件大事。每年的朝贡时期，朝廷的很多部门都参与接待工作，从中可以看出政府对朝贡的重视程度。在明朝时期，不仅皇帝身边最为亲近的大臣，也就是所谓的内阁要参与接待朝贡使者，而且朝廷的吏、户、礼、兵、刑、工六部当中的三部共同负责接待朝贡使者：（1）礼部，掌管安排接待、文化交流（包括会同馆）、典礼事务和宴会招待；（2）兵部，官方的国宾馆都归兵部负责，专门安排下榻住宿；（3）户部，掌管一切财政事宜，负责支付所有朝贡使者的食宿开销。

关于接待朝贡使者的食宿开销到底有多少，有相关历史资料可供参考。在15世纪时期，帖木儿帝国曾经派出44人的朝贡代表团，从伊斯法罕出发，到访中国明朝朝廷。除了官方的正式宴请之外，朝廷每天给代表团的供应配给包括：1头羊、8只鹅、10只鸡、30桶酒以及足量的大米、面粉、蔬菜、水果和各种点心。当然，帖木儿帝国在明朝的外交关系当中有着非常高的地位，完全不同于中国当时周边那些寻求庇护的小国。因此，对于来自帖木儿帝国的代表团，明朝在接待规模上要更高级、更慷慨一些，并且在礼物回赠方面也跟对待其他国家不一样。在中国古代周边的邻国当中，很多国家都深受儒家传统思想的影响，和中国保持着密切的宗藩关系。历史上，在与这些周边国家的交往过程中，中国的朝廷制定了一系列的详细规定，严格规定朝贡的方式和规模，对于皇帝的回赠赏赐也有详细的说明；而对于西亚和中亚地区的重要国家来说，中国的朝廷则给了他们非常大的自由空间，他们能够自己决定朝贡何种物品，中国的朝廷也据此确定回赠等值的赏赐。

表10　瓦剌人与明朝朝廷之间的朝贡和回赠标准（1426—1435年）

朝贡的物品	回赠的礼物
1匹马（上等）	2匹提花锦缎
	2匹丝绸（普通质量）
1匹马（中等）	1匹丝绸（上乘质量）
	8匹丝绸（中等质量）
	1匹丝绸（普通质量）
1匹马（下等）	6匹丝绸（中等质量）
	1匹丝绸（普通质量）
1头骆驼	3匹提花锦缎
	10匹丝绸（普通质量）
1只猎鹰	1匹提花锦缎
200张银鼬皮	12匹提花锦缎
2张紫貂皮	1匹丝绸（中等质量）
10张松鼠皮	1匹丝绸（中等质量）
1张猞猁皮	7.5匹丝绸（中等质量）

到了15世纪初，瓦剌（明朝对西部蒙古的总称）人逐渐发展成为蒙古人的一支主要力量。他们继续给明朝的朝廷进贡马匹和动物毛皮，相比之下，朝廷给他们的回赠明显不如以前，而他们对于丝绸这样的回赠物品仍然热情不减。为了保证他们能够得到相应数量的回赠丝绸，1446年，瓦剌人向朝廷进贡了800匹马、130000张松鼠皮、16000张银鼬皮以及200张紫貂皮。不过，随着朝贡使者来访越来越频繁，而且朝贡的人员也越来越多，明朝作为宗主国觉得有必要采取措施把本国的精英阶层和更多的联盟外藩国家紧密团结在自己周围，让他们能够参与到下列活动中：（1）所有的朝贡代表团成员，无论是何种身份，都能够根据朝贡的多少而获得回赠礼物，让所有人能够享受到收获礼物的乐趣；（2）作为宗主国，朝廷要对所有的朝贡使者热情接待，膳食安排要丰盛，让客人们体会到优待，感到满意。

在这种背景下，双方如果对于马匹和丝绸的等值对应关系发生激烈的讨价还价，也就不足为奇了。在1448年到1449年的冬天，瓦剌人曾经派出大约3500人的朝贡代表团前往明朝都城。明朝廷得知这一消息后，屡次下令约束瓦剌人的这种行为，可是瓦剌人拒不遵守，仍想得到更多的赏赐。这令明朝廷感到非常不快，其原因可想而知。

尽管瓦剌人的朝贡使团已经抵达边境，但是出乎他们意料的是，明朝廷并没有答应他们的要求，而是试图减少回赠礼物的数量，并降低接待他们的标准。最终，双方未能谈拢，导致了军事冲突。其结果就是：瓦剌人的首领也先率领骑兵长驱直入，在明朝境内大肆屠杀，并活捉了当时在前线带兵作战的皇帝明英宗朱祁镇，以他为人质向明朝廷索要高额的赎金。但是，瓦剌人并没有得到他们预期的结果，因为明朝自从迁都北京之后，无意理会瓦剌人的过分要求，也不想提高对朝贡使者的接待规格。明朝廷甚至直接把被俘皇帝的弟弟朱祁钰扶上皇位，这样一来，朱祁镇作为人质渐渐就失去了利用价值，最终弄得瓦剌人的首领也先颜面尽失。仅仅过了几年之后，也先就被暗杀身亡。

在这种情况下，如果说经济利益和军事联盟直接影响了双边的贸易关系，那实际上常常只是一种表象，而且朝贡制度的最初出发点未免显得有些可笑。至于双方的商品贸易，在官方的外交关系之外，其实仍然是存在的，只不过有一些是合法的，有一些则是非法的。但是，仅从朝贡本身很难说清楚朝贡之所以如此吸引人，究竟是因为明朝对朝贡使团的友好接待和礼物回赠，还是因为私人生意带来的收益。总之，在一段时期内，朝贡使团到访明朝越来越频繁。当朝廷意识到，中亚地区的民族对中国产生了经济和军事上的威胁时，一般都会采取友好往来的对策。但是，对于从南部海路到达中国的朝贡使团，明朝都会断然拒绝接待他们。朝廷会要求他们严格履行各种手续和程序，相比之下，朝廷对待他们的态度远远不如对待北部各民族的态度友好，反而显得比较节俭吝啬。

明朝的官员之所以对朝贡使团的外国人表示怀疑，其实有他们的道理：因为常常有大量的商人伪装混进官方的朝贡使团中，有的人甚至花钱购买或伪造官方文书，私自组建朝贡使团到访。甚至还有一些汉人也是打着朝贡的旗号，就是为了能够获得皇帝赏赐的礼物：他们常常伪装成某个边远地区的少数民族成员，带上所谓的奇奇怪怪的"当地特产"——基本上都是一些不值钱的东西，只是看起来有一点异域色彩。在宋朝时期，官方专门制定了严格的规定："一旦发现有人假装外国人进京朝贡，就处以充军两年的惩罚。"

另外，并非每一件朝贡的物品都受到朝廷的欢迎。比如，来自异域地区的动物曾长期作为合适的礼物进献给朝廷。因为进献者认为，皇帝身为"天子"，可以借此彰显"普天之下，莫非王土；率土之滨，莫非王臣"。但是，随着时间的推移，朝廷逐渐感到厌烦，如果朝贡时总是送同样的动物，特别是像狮子这种动物（在欧洲人的印象中，狮子被看作百兽之王），确实没有什么用处。根据明朝在1490年的记录显示，对于狮子这种动物，朝廷已经觉得是一种负担：

> 撒马尔罕的朝贡使者送来了狮子以及其他猛兽。这些动物对内对外其实都没有什么用处。如果把它们养在宫廷里，会让人觉得很不舒服；如果把这些

动物送给军队，也发挥不了任何作用。因此，从很多方面来看，这些猛兽对我们来说都是负担，每天喂食的成本之高，已经让人难以承受。……养这些动物到底有什么用呢？所以，我要提出请求，以后那些蛮人再来朝贡时，不许他们继续送这些奇怪的动物了。

第六章 —————— 信徒与先知

　　整个丝绸之路的沿线交通网络都是东西方之间的商业要道，而宗教信仰的传播路径则主要是沿着一个方向，那就是从西向东传播。显然，源自中国的信仰体系在"西域"不易传播。儒教注重现世中人与人之间的关系。儒教与道教都很难传到国外。道教跟印度教有着某种相似性。印度教曾经被传播到印度之外的地区，具体是指柬埔寨、爪哇和巴厘岛，并在当地达到鼎盛。

佛教

　　自佛教产生以来的2000多年历史当中，曾经出现过无数的宗派。历史上，佛教主要分为两大主要宗派：早期的小乘佛教（*Hinayana*）以及后期形成的大乘佛教（*Mahayana*）。上座部佛教（*Theravada*，"长老们的学说"）本来是作为小乘佛教的一个分支，发展到今天，上座部佛教已经成为整个小乘佛教的常用称谓。小乘佛教的信徒之所以愿意沿用上座部佛教这个名称，主要是因为大乘佛教的忠实信徒对小乘佛教的轻视——"小"意味着"微不足道"。

佛教信徒的目的是要在无尽的轮回中找到解脱，最终达到涅槃（*Nirvana*，本义是"寂失"）。只有少数功德圆满的信徒才能完全脱离苦海和欲望，得到解脱；因为这是以拥有出离心为前提的，为此，信徒需要修行佛法，还要修身养性，如同苦行僧一样生活。而一般人顶多只能通过现在的行为，对未来产生积极的影响。无论是过错还是善举，都直接决定了将来的生存质量。

根据小乘佛教的佛法，信徒最终是否能够得到解脱，完全得靠自己修行，其他人没法提供帮助。小乘佛法只度自己，不度他人。与此相反，在大乘佛教的佛法中，则更多地考虑到了世间的思想和各地的传统，既要救度自己，又强调利他，普度一切众生。不仅仅是修行的和尚，就连无量众生，都能由未来之佛从生死此岸度到觉悟彼岸：大乘佛教中的菩萨（*Bodhisattva*）因为同情普通众生，要度化善人，最终放弃了涅槃成佛。

在丝绸之路沿线地区，弥勒净土的信仰较为盛行。信徒都认为，当弥勒菩萨降世，将可以救度世人。除了弥勒菩萨，还有观世音菩萨，在中国被称作观音菩萨（观音形象逐渐趋向女性化）。观音菩萨能够救众生于苦难之中。观音菩萨和阿弥陀佛（又称无量光佛、无量寿佛，掌管"西方极乐世界"）有很密切的关联。在信徒看来，远在西方的极乐净土只是通往救度的法门，但是却深深地吸引了普罗众生。普罗大众可能无法理解何为涅槃重生，但他们更容易对极乐世界展开丰富的想象。很多统治者曾经觉得有必要将自己看作菩萨的化身，并不是因为菩萨本身所赋予的神学思想，而是因为他们可以借此使得权力诉求易于合法化。

佛教的不同宗派之间并没有特别严格的区别，而且各个宗派之间的时间发展顺序也没有定论。按照普遍的说法，佛教最迟是在2世纪沿着丝绸之路的陆地线路传入以下地区：今土库曼斯坦、乌兹别克斯坦、塔吉克斯坦、阿富汗、巴基斯坦以及中国等国家所在的区域。几乎与此同时，佛教也经海路传入中国。而早在此之前很久，佛教已经在东南亚的很多地区扎根。在此之后的几百年当中，佛教之所以能够广泛传播，主要得归功于那些到印度取经的和尚，他们到寺院里学习佛法，更清楚地了解佛教的教义。

最初，谁也没有料到，佛教传入中国后能够发展成为主要的宗教派别。佛教中的很多基本教义和当时中国的世界观以及宗教礼仪几乎没有任何相关性。朝廷肯定认为佛教的教义有悖于传统的社会观念，因为佛教主张每个个体遁世修行，这不利于人与人之间的共处，而且破坏了祖先崇拜以及家庭的社会主导地位。另外，佛塔的高度远远超出了皇帝的宫殿建筑，在此之前，皇宫的建筑都是高大雄伟的，所采取的建筑风格都是为了突出皇帝作为天子的至高地位。除了佛塔的高度过高，佛教中的塑像也过于高大，在当时的中国，除了佛像之外，还没有如此高度的塑像。

佛教关于吃素的进食规定也明显不符合当时中国的世俗观念。特别是火葬以及火葬后的舍利子被当作尊奉的对象，明显有别于中国的文化传统。按照中国的传统文化认知，要保持逝者的身体完整。一些深受儒家思想影响的中国文人认为佛教不值得相信。819年，唐宪宗派遣使者去迎佛骨入大内，一时间掀起信佛狂潮。身为唐朝刑部侍郎的韩愈冒死上奏《谏迎佛骨表》，反对朝廷推助佛教在中原的传播。

> 夫佛本夷狄之人，与中国言语不通，衣服殊制；口不言先王之法言，身不服先王之法服；不知君臣之义，父子之情。假如其身至今尚在，奉其国命，来朝京师，陛下容而接之，不过宣政一见，礼宾一设，赐衣一袭，卫而出之于境，不令惑众也。

据说，唐宪宗看了韩愈的《谏迎佛骨表》后大怒，要用极刑处死他。朝廷中一些高官朋友极力劝谏，韩愈最终得以保住性命，不过唐宪宗还是将他贬到中国南部边远地区，罚他去那里教化当地居民，让他们学习中华文明的礼仪。韩愈虽然被贬，但是他在潮州刺史的任上还是有所建树的。据史料记载，韩愈在潮州成功驱走了一只大鳄鱼：他写了一篇檄文，连同宰杀的猪羊，非常儒雅地一起扔到了水中。

琐罗亚斯德教和摩尼教

　　佛教的创立者是乔达摩·悉达多，后人尊称他为佛陀（意为"觉悟真理者"），其具体的诞辰日、圆寂日一直以来都有争议。关于佛陀教化说法的传播范围也有很多不详之处，可以肯定的一点是：他于公元前6世纪末或公元前5世纪初在印度北部地区开始传教，他主张修行，这在他去世很长时间之后才得到了大量信徒的推崇。关于琐罗亚斯德（古伊朗语为：查拉图斯特拉），后人知道得更少。有说法称，查拉图斯特拉就是琐罗亚斯德教（拜火教、祆教）的创立者，大约出生于公元前7世纪。

　　琐罗亚斯德教的主要经典是《阿维斯塔》，留传至今的《阿维斯塔》应该是在公元纪年之后才形成的固定经文。《阿维斯塔》最初是在波斯（今伊朗）得以传播，当时的波斯萨珊王朝把琐罗亚斯德教定为国教，想借此给国民树立统一的世界观和固定的教义法则。

　　以波斯为起点，琐罗亚斯德教自西向东在丝绸之路沿线都有传播的痕迹，特别是在彭吉肯特地区发现的壁画上，可以看到关于琐罗亚斯德教祭坛和供品的描述，这也有力证明了琐罗亚斯德教曾经在粟特地区得以传播。另外，据推测，在阿姆河以及锡尔河流域的商业贸易中心，商人们与中国的贸易活动密切，他们在经商过程中也把琐罗亚斯德教带到了中国。在中国北部和中原地区，迄今还能看到一些始自6世纪初的雕刻塑像，其主题明显和琐罗亚斯德教相关，作品中所描述的地区属于今天的乌兹别克斯坦和塔吉克斯坦。

关于琐罗亚斯德教在中国的传播，最重要的历史证据应当追溯到北朝时期虞弘的砖墓。虞弘是来自西域地区的粟特人，生前曾多次作为使团代表到访中国，甚至还在北朝担任官职，负责管理琐罗亚斯德教粟特人的聚落之处。592年，虞弘去世，其砖墓位于当时的都城长安东北500公里处的晋阳。虞弘的砖墓形同居室，其妻后来也与他合葬于此。虞弘墓的汉白玉石椁具有浓厚的中亚和波斯风格，不仅从中国人的角度再现了西域的多彩生活，也生动描述了拜火圣坛以及琐罗亚斯德教的教义仪式。

根据琐罗亚斯德教的教义，关于宇宙起源学以及伦理道德的主要基础是严格的善恶二元论。至于琐罗亚斯德教传入中国之后，是否能够找到很大的共鸣，很难确定。因此，在当时的中国，琐罗亚斯德教的信徒主要都是外国人，他们信奉自己带来的传统教义。

与佛教、琐罗亚斯德教的创立和发展不同，摩尼教的创始发展脉络较为清晰连贯。其创始人摩尼出生于两河流域，277年去世。他在年近60岁时，曾经长途跋涉到波斯和古印度去传教。他本来计划在萨珊王朝的帝国范围内推广传播摩尼教义，最后未能成功。摩尼教后来在波斯被指为异端，其信徒受到敌视和残酷的驱逐迫害，因而转向欧洲西部、非洲北部和亚洲东部地区，在之后的几百年当中继续扩张影响。尽管摩尼教的传播范围涉及大西洋和太平洋之间的广袤区域，但是其教区规模一直很小，信徒人数总是保持在一个确定的范围之内。只有在高昌帝国（以吐鲁番绿洲为中心）时期，摩尼教徒曾经说服了帝国统治者，从9世纪中期开始，持续支持摩尼教的教区社团建设。

摩尼教的先知受到了上天的选定和启示，吸收了不同教派的传统教义，包括琐罗亚斯德教、基督教和佛教的教义。在之后的传播过程中，又吸收了其他的教义主张，比如在中国的很多地方又纳入了道教思想。不同的教义传统经过融合之后，留传下来大量的经书。在戈壁和塔克拉玛干沙漠的周边地区，曾经出土了无数的教义经书，包括礼拜仪式的经文、教义宣传小册子、寓言小故事和忏悔箴言等，甚至还有一些教义圣歌。这些圣歌不仅把摩尼尊为"光佛"，还将耶稣尊为"升天之王"，被选中"布施好闻的救赎之水"。

摩尼教的主要教义不仅仅是宣扬上天的启示，而且还主张源自琐罗亚斯德教的二元论，认为宇宙之间充满光明与黑暗、精神与物质、和谐与冲突、美好与丑陋等对立面。摩尼教的宗教结构等级非常森严，那些少数"被选中的人"享有威望和特权，他们必须经过禁欲和苦行，之后才能进行有组织的传教说法活动。与之相对应的是那些普罗大众，根据等级划分，他们处于较低的地位，根本任务就是：为传教士提供物质保障。

让普罗大众为传教士提供物质保障，这在经济和政治稳定时期完全不是问题，因为大多数的摩尼教信徒最初都是来自商人阶层，特别是在粟特人的地区更是如此。甚至在相当长的一段时间内，摩尼教信徒的出身、职业和宗教信仰都成了同义词，彼此之间相互关联。例如，在很多教义经书中，摩尼教创始人摩尼也被称作"骆驼商队的大队长"。这也是因为摩尼教的传教活动都和商人的贸易活动密不可分。但是，综观摩尼教的发展历史，最著名的摩尼教信徒其实并不是富裕的商人，而是备受尊重和敬畏的雄辩家奥勒留·奥古斯丁（Aurelius Augustinus，354—430）。不过，众所周知，奥古斯丁对摩尼教的追崇并没有持续很久，因为他后来皈依了基督教。改信基督教之后，奥古斯丁以论战讽刺他曾经误入的摩尼教社团。

决定摩尼教艺术表现形式的审美准则直接源自摩尼教所主张的二元论，因此，这一准则主要是为了反映光明、纯洁与精神世界。根据迄今所发现的历史资料记载，摩尼教审美准则最主要的传播媒介并不是大部头的宣传书籍，而是小画像以及图文并茂的宣传册子，它们被认为体现了图画和书法的完美。在9世纪的一部阿拉伯语作品中，曾经记录了关于摩尼教的一场辩论，辩论双方以略带嘲讽的口吻影射了摩尼教对完美的追求：

> （反方）我多么希望：摩尼教徒不要这么热衷于花
> 费大量的资金购买上好的白纸和油亮的黑墨，也不要
> 耗费如此多的人力和物力去抄写教义经书。因为，迄
> 今为止，我还没有看到过任何一种纸张或者字体能够
> 配得上经书中所达到的质量水平。

> （正方）摩尼教徒在抄写经书的过程中，所耗费
> 的一切只是相当于基督徒布置教堂时所耗费的。

犹太教和基督教

在丝绸之路沿线的贸易网络中，犹太商人占有举足轻重的
地位。他们的贸易活动范围非常广泛，在很多地方都留下了希
伯来语的痕迹、证据，包括伏尔加河流域附近发现的犹太商人
墓碑、印度河谷的石刻，还有塔克拉玛干沙漠周边地区的文本
断片。犹太商人在可萨帝国（位于伏尔加河与顿河之间）具有
非常强大的影响，8世纪到9世纪期间，可萨帝国的统治者和
上层社会的部分人士因此而皈依了犹太教。另外，还有一些留
传下来的资料显示，犹太教社团早在公元前1000年就在古印

度地区得到了繁荣发展。关于这一点，现在已经难以证实。而在中国也有很多资料显示，犹太教在很早的时期就已经传入中国。但是，从史料可以推断出：在唐朝以前，中国还没有形成比较大的犹太教社团。

唐朝后来在都城长安设立了碑林，上面有相关的史料记载。如果这些记载属实的话，那么在唐朝时期就已经有比较大的聂斯脱利教派社团进入中国，并从7世纪开始在当地建立修道院。另外，431年，拜占庭皇帝狄奥多西二世在小亚细亚省的以弗所举行第三次基督教大公会议，宣布君士坦丁堡的大主教聂斯脱利创建的聂斯脱利教派为异教，并革除了聂斯脱利的大主教职务。以弗所会议之后过了几十年，聂斯脱利教派在波斯东北部地区站稳了脚跟；该教派倡导基督"二性二位说"，强调耶稣的肉身复活。从此以后，聂斯脱利教派的传教士从赫拉特、梅尔夫和巴克特拉（今巴尔赫）等地继续往东进发，以推广他们的教义。

在塔里木盆地发现的大量文献资料表明：聂斯脱利教派作为基督教中的一支已经有了自己独特的教义和礼拜仪式。此外，在吐鲁番还发现了聂斯脱利教派的修道院遗址。随着蒙古帝国的灭亡，聂斯脱利教派在东亚地区也逐渐衰落。在此之前，聂斯脱利教派曾经有过短暂的繁荣时期，后来日渐受到天主教的强力竞争，而天主教的传教士代表甚至还在大汗的朝廷担任过官职。

蒙古帝国的统治者一直都在寻求一种与其权力诉求相匹配的教义学说，于是综合考虑各个教派的教义论说和推荐理由，并让不同教派的代表在指定的日期就此展开论争。1254年，在蒙哥大汗倡议下，在卡拉库姆召开了辩论大会。天主教方济各会教士威廉·冯·卢布鲁克也参加了此次论争大会。他的记录如下：

> 第二天，大汗派他的侍从人员来通知我："我们的可汗陛下让我来告诉你们，你们每个人都声称自己的宗教有世界上最好的教义，无论是天主教、伊斯兰教还是佛教，并认为你们的经文包含了世界上最崇高的真理。因此，可汗陛下特地邀请大家一起来参加辩论大会，同台论争展示各自不同的教义学说。你们每个人都要把自己想说的话写下来，以便可汗自己能够从中识别真理之所在。"

几天之后，公开的辩论大会正式举行。根据威廉·冯·卢布鲁克自己的描述，他获得了聂斯脱利教派和伊斯兰教的支持。他们结成阵营，都认为"世上只有一个神"，共同对抗佛教的竞争。参加论争大会的佛教代表是一名专程前来的中国和尚。据事后的记载，天主教方济各会教士威廉·冯·卢布鲁克在辩论中给人留下了深刻的印象，他在辩论时旁征博引，论据充分且有说服力，并采用了机智的雄辩术，占据了辩论的优势。如果史实资料记录无误的话，两种宗教在辩论准备阶段达成同盟，在辩论环节气场十足。辩论大会结束之后，同盟方共同庆祝胜利。威廉·冯·卢布鲁克对此也做了如下记录：

> 辩论大赛结束之后，聂斯脱利教派和伊斯兰教的信徒们大声欢唱，庆祝胜利。而佛教徒们则默默地待在一边。大家狂欢之后尽兴而归。

最终，辩论各方都没有成功说服大汗乃至整个蒙古帝国信奉他们的宗教。后来，在17世纪时期，殖民列强纷纷经由海路到达东亚地区，天主教的耶稣会传教士也曾有过类似的传教计划。他们想首先让中国的皇帝信奉天主教，继而带动整个中国信奉天主教，并以此让天主教成为中国的国教。最终这一企图也未能得逞。殖民列强在寻找同盟的过程中，遇到一位神父，并且以为这位神父是多年来一直维持着聂斯脱利派教义传统的社团的首领。不过最终的事实表明，这位神父其实是开封的一位犹太教拉比，而这位拉比同样也不明真相，他甚至坚信，与他进行接洽磋商的那些人是某个犹太教社团的一些不守常规的信徒代表。

伊斯兰教

今天，在多数丝绸之路的沿线国家，伊斯兰教成为占据重要地位的宗教。在亚洲的大陆地区，伊斯兰教的传播范围包括从地中海直到中国西部边境地区的广大区域。伊斯兰教教义——大多是逊尼教派的传统教义——不仅仅是在丝绸之路的陆路沿线广泛传播，而且在海路沿线地区也广为传播。另外，还有一点不可忽视：如今，印度尼西亚已经成为伊斯兰教信徒最多的国家。

在海路沿线的大规模传教活动开始得较晚，大约始于15世纪。这导致了东南亚岛国的伊斯兰化，并且在岛国世界各地区呈现出完全不同的结果。伊斯兰教在各地传播的过程中，一般都能与当地传统进行比较灵活的交融，这些传统继续决定着法律和仪式的许多方面。

在中国的唐朝时期，最初只有远道而来的外国商人可以信奉真主安拉，后来在印度尼西亚也同样如此。在接下来的几个世纪当中，特别是在蒙古人统治的元朝时期，西部边境地区的各个民族开始信奉伊斯兰教。发展到今天，他们的后代都属于少数民族后裔。

历史上，很多穆斯林的精神领袖特别注重参考中国的传统世界观，努力从中发掘相似之处，并据此确定恰当的传播战略，以宣传和推广伊斯兰教教义。在中国华北地区的一家清真寺里，曾经发现了一处碑文，据估计，应该是源自明朝时期的记载，其大致内容如下：

> 智者在做出判断时，都能够达到高度一致，并且坚持同样的真理。因此，他们互相之间都能够彼此信任，没有任何一丝猜忌和怀疑。……穆罕默德是来自西方的伟大智者，生活在阿拉伯半岛地区。与东方智者孔子相比，穆罕默德创建伊斯兰教的时间要晚几百年之久。尽管这两个智者之间相距的年代久远，而且地处相隔遥远的东方、西方，但是他们都具有同样的判断力，追求同样的真理。穆罕默德这位来自西方的伟大智者，虽然早已逝世……但是他留下来的真理依然在教给我们智慧：以浸洗礼的形式来净化我们的思想和品德；通过减少贪欲来强化我们的信念；借助斋戒的形式来克制我们的欲望；通过自我修养和教育来规避错误；坚持诚实和正直，以提高我们的说服力；注重各种礼仪，参加婚庆丧嫁仪式。无论是基本的道德问题还是日常生活当中的任意细节，所有的一切都由理智来决定。通过穆罕默德创立的学说，可以解决上述所有问题，而且大家要敬重真主。……具有坚定信念的伊

斯兰教徒要熟悉教义规定的传统内容。宗教社团的领袖负责根据教义举行各种仪式，并祈祷皇帝万寿无疆。

这是多么美好的和平共生理想啊！犹太教和基督教信徒曾经也以类似的方式表达过这样的理想。但是，实际上，紧张和冲突从未停止。有时候，紧张局势升级，甚至引发流血冲突和报复活动。一旦激起了信徒的宗教精神和好战性，冲突和报复活动将更加血腥。

穆斯林的奋战并不如西方所渲染的那样持久而残酷。与历史上的十字军东征的残杀相比，伊斯兰教信徒以先知名义而进行的战争还算比较人道。他们绝对禁止屠杀或伤害毫无抵抗力的平民，而且他们的安抚措施也必须遵守相应的规定：对待顽固抵抗的人，一律采取更加残酷的镇压手段；而那些不战而臣服的人，将会受到更加人性化的优待。另外，对待那些所谓的"偶像崇拜者"，伊斯兰教信徒的态度更加生硬直接；相比较而言，如果某个宗教受到了上天的启示，并且已经形成了书面的教义规定，他们的态度则会相对温和一些。

在与穆斯林打交道的过程中，阿姆河和锡尔河之间地区的居民曾经有过零星的反抗，他们在历史上曾先后受到琐罗亚斯德教、摩尼教、聂斯脱利教派和佛教的短暂影响。据传，伊斯兰教甚至还在阿姆河和锡尔河之间的地区建立了一所中央教育机构，也就是伊斯兰教的法学和神学学院。这是一所比较高级的学院，学生不仅可以论法讲经，还可以学习数学、医学和文学相关的知识。伊斯兰教最早的法学和神学学院应该是在937年建立于布哈拉。

第七章 ———— 艺术与发明家精神

当各种宗教流派及其相应的艺术表现形式得以广泛推广时，最初都是自西向东传播，而在技术领域则主要是完全相反的传播路径。今天，欧洲人自认为源自欧洲创造力的许多发明成果，实际上都是源自中国的发明。战争技术、航海技术、印刷技术等都是经由丝绸之路交通网络从中国传到西方的技术，类似的例子应该还有很多。

宗教建筑

8世纪上半叶，中国的唐朝都城长安已经拥有了100多万人口，是当时世界上少有的大都会之一。凡是到过长安的人，都对唐朝富丽堂皇的宫殿、庞大的皇城建筑、繁荣的街市以及众多的寺院产生了深刻印象。长安城里最为突出的建筑就是佛塔，其高度远远超过周边所有其他建筑物。在这些佛塔当中，有两座直到今天仍然屹立不倒，是唐代最重要的遗产之一：大雁塔和小雁塔。

大雁塔的作用和印度佛塔一样。以前，普通信徒不允许进入塔内，因为里面大多供奉和安置舍利（最宝贵的舍利是佛陀的遗骨、牙齿或头发）、各种珍贵的法物和经卷。因此，这类宗教建筑物的作用就是用来纪念宗教创始人，同时作为其宗教教义的象征。

然而，佛塔的象征意义及建筑风格传到各地之后，各地的接受情况差异很大，并且发生了完全不同的改变。在缅甸，南传上座部佛教一直是当地的宗教传统，印度佛教在缅甸留下了明显的影响痕迹。因此，缅甸佛塔一般包含三个主要部分：(1) 塔基，意味着"须弥山"；(2) 塔身，多为圆形；(3) 塔刹，包括伞盖、旗幡和宝石莲花。而在中国，民众主要信奉的是大乘佛教的各个流派，佛塔大多具有自己的建筑传统。因此，中国的佛塔一般由以下几个部分组成：(1) 地宫，里面主要珍藏舍利和经卷；(2) 基台和基座；(3) 多边形塔身，层数为奇数；(4) 塔顶，内部为中空，可以用来存放物品。

佛塔的层数最多为十三层，意味着十三重天。佛塔的高度比周围所有的建筑物屋顶都要高出很多。另外，佛塔的建筑结构有别于大多数的宫殿以及寺庙的框架结构，佛塔的基座非常坚固，最初的佛塔多为木质结构，后来则多为砖石结构。砖石结构的佛塔主要是为了显示建筑永久坚固，同时也表达了最高神圣感。

中国比较有代表性的佛塔建筑位于法门寺内。法门寺坐落在唐朝都城长安以西大约100公里处（今陕西省扶风县城北，东距西安110公里）。1981年，寺内的佛塔倒塌了半边。当地政府决定重修宝塔，在考古发掘过程中，发现了受损塔身下面的唐代地宫。地宫里珍藏着佛教世界千百年来梦寐以求的佛祖释迦牟尼真身指骨舍利。除此之外，地宫的三个藏宝间里还有数千件李唐皇室供奉的绝代珍宝，包括120多件金银器，以及唐皇室秘色瓷系列和琉璃器皿。这其中，部分琉璃制品来自亚洲西部受伊斯兰教影响的地区。在唐朝时期，也有大量的金属制品来自西亚，从中可以看出当时的中国已经对进口和仿造西亚的奢侈品表现出极大的兴趣。

富有艺术特色的表现手法

　　佛塔一般都建在都市，其高度取决于佛塔在整个城市全貌中的识别度。中国古老的城市都是四面有围墙的方形布局，很难见到大的广场，既没有类似于古希腊城邦广场的场所，也没有古罗马城镇广场那样的公共空间。因此，在古代中国的城市中，并未形成纪念碑文化，很少能见到跟真人同样大小的皇帝画像或者巨幅的神像。自从佛教传入中国之后，才有了较大规格的佛像和雕塑。今天，无论是在敦煌、麦积山还是在云冈，都能看到很多巨型塑像。

　　在佛教的发源地印度，也是经过了漫长的时间之后，佛教信徒才最终决定供奉人神同形同性的佛像。然后，过了更加漫长的时间，印度雷恩剧院的演出中才出现了人神同形同性的角色。古印度曾经以犍陀罗为中心，形成了著名的犍陀罗佛教艺术（印度佛教的内容与希腊、罗马的雕刻艺术相结合而形成的佛像雕塑作品）。犍陀罗地区包括今天的巴基斯坦北部（塔克西拉、白沙瓦一带地区）以及阿富汗东部地区（尤其是巴米扬一带地区）。

在上述地区，一方面，从印度的佛教核心区域传入的教义内容得以继续保留；另一方面，佛教教义内容的美学体现有了很大的调整。大约是在公元纪年之后不久，犍陀罗佛教艺术得以继续发展，吸收了更多的西方元素，表现出更加明显的古希腊晚期、帕提亚帝国时期以及古罗马时期的造型原则。留传下来的犍陀罗佛教艺术作品大部分都是佛陀雕像，其身材比例、衣服褶纹、波浪形鬈发、面部特征（深目、薄唇等）都与之前的佛教艺术作品不同。在此之后的几个世纪里，犍陀罗佛教艺术继续往东方传播，并与中国的传统艺术形式相结合，逐渐形成了更多的变化形式。

在丝绸之路沿线的佛教艺术中，除了雕塑之外，最有代表性的就是壁画这种艺术形式了。壁画艺术能够通过有限的物理空间表现出佛陀的超验世界。不仅仅是在开敞的寺庙建筑里，更多的是在无数的石窟里，都有大量的壁画作品。直到今天，从这些生动形象的壁画作品当中，依然可以了解到古典时期以及中世纪时期信徒们的虔敬态度。特别是在戈壁和塔克拉玛干沙漠的周边地区，古人曾经为了断念尘世而设置的安息之处，壁画作品尤为多见。仅在敦煌一地，就有500多个石窟留存下来。1987年，联合国教科文组织宣布敦煌石窟为"世界文化遗产"，其壁画总面积共计约45000平方米。

在敦煌、克孜尔和吐鲁番发现的壁画作品不仅仅是宗教虔敬的艺术体现形式，更重要的是，壁画作品所表现的主题有助于后人了解当时的日常生活，并由此重构上下1000年的社会条件和历史背景。后来，蒙古人建立了元朝，伊斯兰教得以推广。但是伊斯兰教基本上比较排斥绘画艺术，所以壁画艺术的传统就此结束。

除了佛陀、菩萨、罗汉以及各路天神，壁画作者还描绘了与他们相关的人物相貌。特别是佛陀涅槃的场景，壁画形象地表现出了每个人的哀悼之情。他们的面部表情凝重，极度悲伤。他们的外貌和服饰各异，生动展现了丝绸之路沿线的民族多样性。这些人物的具体生活状态都在壁画作品中得到了广泛体现，比如山势陡峭、沙漠无垠、绿洲耕作、骆驼商队、围捕狩猎、音乐演出、膳食烹饪、个人卫生等多个场面。

不仅在佛教的石窟和僧侣的堂舍、寺院里都绘满了壁画，就连摩尼教和聂斯脱利教派的礼拜场所也同样绘有壁画。有些石窟曾先后被不同的宗教社团使用，所以从时间上也反映了各个教派传教活动的先后顺序。

宣礼塔和小装饰画

　　和新疆、甘肃的壁画艺术一样，粟特人也是把各种色彩涂在干燥的底基上。在彭吉肯特，除遁世的僧侣住处有壁画装饰外，皇宫、寺庙以及富裕阶层的住宅里也可以看到壁画作品。在世俗个人的住宅以及周边环境当中，常常有很多富有宗教色彩的主题装饰，其中有很大一部分是琐罗亚斯德教的教义主题，充分显示了宗教教义的地位和重要性。此外，在这些壁画装饰作品中，与宴会庆典、狩猎围捕或者战争场面等相关的世俗场景都属于次要的主题。

　　伊斯兰教在丝绸之路沿线得以广泛传播的同时，其他宗教的传播和发展并未立即受到影响。但是，在阿姆河以及锡尔河流域之间的地区，伊斯兰教的信徒对于壁画中所表现的拟人化和拟兽化主题依然表示怀疑：一方面是因为穆罕默德的追随者并不能接受这类神像壁画作品中的反面宣传；另一方面，他们所贯彻的伊斯兰教教义思想越来越排斥绘画艺术的表现手法。伊斯兰教的逊尼派和什叶派法学家都一致禁止绘制和传播关于神、人、畜的画像，特别是在清真寺等宗教建筑中，必须严格遵守禁止出现任何画像的规定。

　　伊斯兰教对绘画艺术的排斥也是造成下述现象的主要原因之一：在伊斯兰教的寺庙建筑中，书法以及花纹装饰逐渐成为主要的艺术表现手法。无论是在伊斯兰教的清真寺、神学院，还是在墓碑上，都使用书法和花纹作为装饰手段。在布哈拉和撒马尔罕地区，伊斯兰教的建筑艺术达到了鼎盛时期，具体表现在复杂的砖石图案，并通过明暗对比赋予这些图案活力。在当地的伊斯兰教建筑中，圆形穹顶以及正立面多采用彩色釉面瓷砖作为大面积的装饰材料，以吸引人们的目光。从这样的建筑风格当中，也许可以感受到帖木儿统治时期的根本目标之一：不仅通过血腥的战争，还通过宏伟的建筑来展示统治者的权力。

15世纪时期的波斯史料记录显示，在骁勇善战的帖木儿监督之下，帖木儿帝国在撒马尔罕地区建造了清真寺，并以帖木儿的宠妃比比·哈内姆（Bibi Chanum）的名字命名。根据相关记载，为了完成这个工程浩大的建筑项目，1399年，世界各地的建筑师、画家和建筑工人都应征来到帖木儿帝国的首都撒马尔罕，将他们的心血倾注在这座伟大的建筑上。当然，他们当中有的人并非出于自愿。另外，帖木儿帝国还从印度运来了95头大象，专门用来驮载建筑石料。关于这一声势浩大的建筑工程，相关历史记载如下：

> 480根雕凿石柱支撑着围廊上的穹顶。……大理石地面光可照人。……穹顶宛若天幕，气势恢宏。俄式筒形穹顶堪与银河媲美。彩色釉砖外墙闪闪发亮，分布在四个角落的宣礼塔直入云霄。……中庭的

墙壁由石板镶嵌而成，石板上凿刻了各种书法文字。

尽管伊斯兰教排斥绘画艺术，但是在帖木儿帝国时期，关于人和动物的画像又得以重新出现，只不过画幅较小，而画面更加精美。比较常见的是小装饰画以及图书中的绘画插图，绘制这些作品的画家主要来自帖木儿帝国时期军队所征服的地区，他们被军队劫掠到帖木儿帝国。帖木儿帝国时期的绘画深受波斯帝国影响，同时也包含了蒙古帝国时期的形式和色彩风格。有些画作无疑也借鉴了中国的绘画技巧。

图书早在绘画作品之前就已经出现在皇家宫室中，象征着统治者的权威。大约在 10 世纪末，帖木儿帝国布哈拉的皇宫图书馆里有多间藏书室，书柜里的图书按照当时所有的体裁和学科领域分门别类摆放整齐。在布哈拉的图书集市上，当时的图书贸易也是一片繁荣景象。因此，除了艺术之外，图书也为营造帖木儿帝国的学术氛围奠定了坚实的基础。

980 年，伊本·西拿（Ibn Sina，拉丁文名称为阿维森纳，11 世纪伊斯兰黄金时代的医学家、诗人、哲学家）出生于布哈拉。正是得益于布哈拉的学术气氛和图书馆藏书，他编著出版了医学和哲学书籍，甚至在欧洲也获得了很高的声誉。大约在同一时期，在今属乌兹别克斯坦地区，同样享有盛誉的还有穆斯林科学家、史学家、哲学家比鲁尼（al-Biruni）。他的研究领域很广泛，对天文学、史学、数学、医学以及矿物学等都有很深的造诣。此外，在他所处的那个时代，关于印度的权威描述也得益于他的研究。阿拉伯数学家穆罕默德·伊本·穆萨·花拉子米（Mohammed ibn Musa al-Chwarezmi，出生于阿姆河流域附近的地区）对西方的概念世界产生了持续的影响，"算法"一词就是由他的名字而来的。在他所出版的一系列书籍中，有一本书是专门研究数学学科的一个重大分支领域——代数学。这本书的书名经由阿拉伯语转写成拉丁文之后，开头的几个字母就是"代数学"一词的拉丁文拼写由来。

造纸和印刷技术

为了进一步传播宗教教义，加强科学知识的交流，有必要对教义思想进行准确的表达和描述。基于这一目的，需要大批的书写媒介，既要价廉物美，又能够长久保存书写的内容。在中国，直到汉代以前，人们更多的是用竹简和绢帛作为书写和记载的材料。竹简不方便记载大量的信息，而绢帛则价格昂贵。

据史料记载，105年，东汉宦官蔡伦首次展示了造纸工艺。但是，并不能就此认为造纸术是在这一年发明的。据推测，当时蔡伦只是在朝廷上奏报了他总结出来的造纸方法，而根据考古发现，早在公元前就已经有了植物纤维造纸的经验，当时主要是用大麻的纤维来造纸。无论如何，蔡伦利用职务之便总结以往人们的造纸经验并革新造纸工艺，终于制成了"蔡侯纸"。因此，从2世纪开始，根据蔡伦的方法造出来的纸张成为越来越受欢迎的书写材料。

自那以后，造纸工艺基本上只是又稍微地细化和分化。一般的造纸工艺是用桑树树皮或用竹子的纤维做成纸浆，然后将纸浆铺展成的薄片揭下来，就成为纸张。除此之外，还有的造纸工艺是将各种边角材料捣碎成浆状之后混合搅拌，最终做成植物纤维纸张。这样做出来的书写材料不仅轻便、耐用、吸水、便宜，而且还便于卷起、折叠和剪裁。

据估计，造纸技术大约是在7世纪末传到了印度，之后不久又传到了中亚地区。根据留传下来的史料记载显示，751年，阿拉伯军队战胜了中国唐朝的军队，并掠走了大批造纸工人作为俘虏带回到撒马尔罕，于是，造纸技术就以这种方式传到了中亚地区。但是，按照今天的研究结果，造纸技术传到中亚地区的时间应该比这个还要稍微早一些。总之，可以确定的是，造纸技术迅速传遍受伊斯兰教影响的诸地区，过了很久之后，才从这些地区逐渐传到南欧和中欧的基督教地区。

在中国的历史上，可能没有哪一项发明能够像造纸术这样传到西方后产生如此深刻的影响，不过，紧随造纸术之后的另一项发明也同样改变了人们之间的交流方式，那就是印刷术。虽然在印刷术发明之前，文章和图画都是用摹拓来复制，但是大量的印数则需要用雕版印刷来完成。雕版印刷的第一步是制作原稿，然后将原稿反转过来摊在平整的大木板上固定好，由工匠在木板上雕刻原稿上的图画或文字。从7世纪开始，雕版印刷主要用于印刷宗教读物、历书和传单等，之后又逐渐用于印刷哲学论述、工具书；从11世纪开始，雕版印刷用于印刷纸币这种全新的必需品，并迅速达到大量印制的规模。

不久以后，出现了活字印刷。活字发明后，最初是泥活字，然后是木活字，最后发展成为铜活字。但是，当时的活字印刷还不能完全替代雕版印刷，这首先是因为汉字字体的特殊性，有别于阿拉伯文和拉丁文的字母文字。汉字的活字版需要不同种类数以千计的活字。活字印刷术在蒙古人统治期间往西传播。至少有一点可以肯定：活字印刷术是在这一时期传到了伊斯兰世界；而在欧洲地区，不排除是欧洲人自己发明了活字印刷术，尽管这一说法从时间先后顺序来看未必站得住脚。

知识的传播

与传统的手写手抄相比，印刷术的发明到底意味着多大的进步，对此有10世纪时期的阿拉伯语史料记载可作凭证。其中描述到阿拉伯医生穆罕默德·伊本·扎卡利亚·拉

孜 [Mohammed ibn zakariya al-Razi，拉丁文名称为雷扎斯
(Rhazes)，卒于925年。他的部分著作被翻译成拉丁文，因此
在欧洲也备受重视] 个人经历的一件事情，引述如下：

> 一位中国学者到我家里来看我。他在城里（巴
> 格达）待了将近一年，只用了不到五个月的时间阿
> 拉伯语就达到了非常高的水平，既能说，也能写。
> 在他回中国之前大概一个月的时候，他对我说：“我
> 将要启程回国了。在我回国之前，如果有人能够将
> 盖伦（古希腊后期著名的解剖学家）的16本著作念
> 给我听，以便我能够手写记录下来，那我将感激不
> 尽。”我对他的话表示质疑，认为他不可能在这么短
> 的时间里记下全部16本书的内容，最多只能记下来
> 一小部分。他回应我说：“那就请您留出时间，在我
> 回国之前口授给我全部内容。您将会看到，我写字
> 的速度比您念书还要快。”于是，我就和我的一名学
> 生一起为他口授盖伦的著作，念书的节奏尽可能的
> 快。但是，实际上，他写字的速度比我们念书的速
> 度还要快。我们不相信他能够全都记下来，于是把
> 他手写的内容与原文做比对，最终发现正确无误。

当时，盖伦医生的著作从古希腊语翻译成阿拉伯语也仅仅

过了几十年的时间，至于是否又被翻译成汉语，这一点还存在争议。但是，从上述记载可以看出，相比于这个中国人对科学知识的渴求，他快速的书写节奏让阿拉伯人更加感到惊奇。此外，目前并未找到确切的证据可以证实上述记载的真实性。至少可以肯定的是：盖伦在2世纪所建立的古希腊医学体系，并未在中国留下明显的传播痕迹。

在其他一些知识领域，可以明显找到其起源和传播的证据，有的甚至还可以识别出相对比较准确的日期。指南针就是一个典型的例子。指南针是根据磁铁石指示方向的特性而制作的，早在公元纪年之前就在中国广泛使用，最初只是用于占卜和看风水，以便确定人死后最佳的陵墓方位。到了11世纪的时候，鉴于指南针的准确性，它才作为一种仪器用于航海以确定航海方向。在12世纪早期的历史记载中，曾经记录了广州附近海域使用指南针的情况，不过，这件事很明显在当时并未引起多大的关注。

在靠近海岸线的水域，领港员对路线和方向都很熟悉。夜里，他们根据星象找到方位；白天则靠太阳来辨认方向。但是，在天气不好的情况下，他们就得借助指南针来确定方位。另外，他们还在水里拖了一根大约30米长的缆绳，绳子的末端系了一个钩子。船员能够根据钩子从海底钩上来的泥土外观和气味来确定他们所处的方位。

当初，人们为了确定方位，已经采用了剩磁法使得金属针经过人工磁化而带有磁性，金属磁针的表面用软木或木头固定，然后把磁针放进水里，磁针就会转动，并指向南极。指南针在12世纪到13世纪时期从中国传到今天的阿拉伯、伊朗地区，并最终传入欧洲。欧洲人很快将指南针加以改良，并把指南针和风玫瑰图合为一体，就这样形成了罗盘仪。罗盘仪用的是旱针，最终被西方航海大国从西往东逆向传播，并在16世纪中期传入中国。

关于中国的造船革新技术，过了很久之后，欧洲人最终才决定加以采用，特别是在舵轮以及舱壁方面的革新技术。和指南针的传播时期一样，大概也是过了1000年之后，欧洲才开始在后甲板上安装转轴舵，而这种技术早在中国的汉朝时期就已经在今天的广州地区广泛使用。

到了18世纪，欧洲才开始对船体进行分段密封：与龙骨线走向交错的隔板主要是为了保证在船体漏水的情况下，也能继续航行。英国海军率先采用了这种方法，据称当时是采纳了一位工程师的建议。这位工程师曾经到过中国，并且了解了分段密封的船体结构技术。另外一个降低风险的办法就是加入坚固的船肋，以提高船体的稳定性，这也有利于增加桅杆数量。

中国的炼丹术主要有两个目的：一是延长寿命，二是长生不死。关于长生不死，毫无疑问，并没有先例。甚至有一种说法认为，仙丹是以水银和硫黄作为重要的原材料，长期服用最终会导致早死。据估计，9世纪时，在试验炼造仙丹的过程中，由于添加了硫黄、硝石和木炭，因此而发明了火药。

火药很快就被应用到军事当中，最开始只是作为喷火器的点火装置。到了宋朝的时候，又发展出了炸弹、地雷、手榴弹和火箭。正如11世纪中期的一篇文章当中所记载的那样，炸药从弹射器射出直接射到敌人的阵营，因而有了一个令人望而生畏的名字——"铁嘴火鹞"或者"毒药烟球"。

火药射出之后所带来的巨大杀伤力并非源于强大的爆炸力，而是火药药物在爆炸时所释放出来的成分造成的。制造这种炸药需要的化学物质包括：三十两火硝、五两硫黄、五两木炭、五两干铁粉、五两巴豆粉、五两植物油、二两半大戟、二两半沥青、二两砒霜、一两竹纤维和一两蜜蜡。

射击武器的发明可以追溯到12世纪，当时主要是将火药塞满竹筒，俗称"吐火的梭镖"。之后又有了铁炮，射出时能够发出如雷一般的震天响声。当时，蒙古人应该受到了中国火药技术的威胁，而且据估计，是蒙古人和阿拉伯人一起把火药传到了西方。在欧洲，人们根据火药的原理又继续发展出更加高级的大炮，远远超过了中国最初的铁炮原型。正是出于这个原因，在17世纪时期，一些博学的耶稣会传教士得以先后在中国明、清朝廷任职，因为朝廷想通过他们来了解欧洲在武器制造和弹道学方面最新的发展水平。

参考文献

Eine Auswahl von Büchern in westlichen Sprachen

Asimov, Mohammad S. et al. (Hg.): History of Civilizations of Central Asia. Paris 1992–2003.

Audouin-Dubreuil, Ariane: Expedition Seidenstraße. München 2003.

Bauer, Wolfgang (Hg.): China und die Fremden: 3000 Jahre Auseinandersetzung in Krieg und Frieden. München 1980.

Baumer, Christoph: Die südliche Seidenstraße: Inseln im Sandmeer. Versunkene Kulturen der Wüste Taklamakan. Mainz 2002.

Beckwith, Christopher: Empires of the Silk Road: A History of Central Eurasia from the Bronze Age. Princeton 2009.

Biarnés, Pierre: La route de la Soie: Une histoire géopolitique. Paris 2008.

Cameron, Nigel: Barbarians and Mandarins: Thirteen Centuries of Western Travelers in China. New York, Tokyo 1970.

Dabbs, Jack A.: History of the Discovery and Exploitation of Chinese Turkestan. (Central Asiatic Studies 8) The Hague 1963.

Dillon, Michael: Xinjiang: China's Muslim Far Northwest. London, New York 2003.

Durkin-Meisterernst, Desmond et al. (Hg.): Turfan Revisited: The First Century of Research into the Arts and Cultures of the Silk Road. (Monographien zur Indischen Archäologie, Kunst und Philologie 14) Berlin 2004.

Eggebrecht, Arne (Hg.): Die Mongolen und ihr Weltreich. Mainz 1989.

– China: Eine Wiege der Weltkultur. 5000 Jahre Erfindungen und Entdeckungen. Mainz 1994.

Elisseeff, Vadime (Hg.): The Silk Roads: Highways of Culture and Commerce. New York 2000.

Elverskog, Johan: Buddhism and Islam on the Silk Road. Philadelphia 2010.

Foltz, Richard C.: Religions of the Silk Road: Overland Trade and Cultural Exchange from Antiquity to the 15th Century. New York 1999.

Forêt, Philippe & Kaplony, Andreas: The Journey of Maps and Images on the Silk Road. Boston 2008.

Fraser, Sarah E.: Performing the Visual: The Practice of Buddhist Wall Painting in China and Central Asia, 618–960. Stanford 2003.

Frye, Richard N.: The Heritage of Central Asia: From Antiquity to the Turkish Expansion. Princeton 1996.

Gabain, Annemarie von: Das Leben im Uigurischen Königreich von Qoco, 850–1250. (Veröffentlichungen der Societas Uralo-Altaica 6) Wiesbaden 1973.

Härtel, Herbert & Yaldiz, Marianne: Die Seidenstraße: Malereien und Plastiken aus buddhistischen Höhlentempeln. Berlin 1987.

Hansen, Valerie: Silk Road: Key Papers. The Pre-islamic Period. Folkestone 2010.

Haussig, Wilhelm: Die Geschichte Zentralasiens und der Seidenstraße in vorislamischer Zeit. Darmstadt 1983.

– Die Geschichte Zentralasiens und der Seidenstraße in islamischer Zeit. Darmstadt 1988.

– Archäologie und Kunst der Seidenstraße. Darmstadt 1992.

Hedin, Sven: Durch Asiens Wüsten. Leipzig 1899.

Heimberg, Ursula: Gewürze, Weihrauch, Seide: Welthandel in der Antike. Waiblingen 1981.

Hirth, Friedrich & Rockhill, William W.: Chau Ju-kua: His Work on Chinese and Arab Trade in the 12th and 13th Centuries, Entitled Chu-fan-chi. St. Petersburg 1911.

Hopkirk, Peter: Die Seidenstraße: Auf der Suche nach verlorenen Schätzen in Chinesisch-Zentralasien. München 1986.

Hübner, Ulrich & Kamlah, Jens & Reinfandt, Lucian (Hg.): Die Seidenstraße: Handel und Kulturaustausch in einem eurasiatischen Wegenetz. (Asien und Afrika 3) Hamburg 2001.

Juliano, Annette L. & Lerner, Judith A. (Hg.): Monks and Merchants: Silk Road Treasures from Northwest China. New York 2002.

Kalter, Johannes & Pavaloi, Margareta (Hg.): Erben der Seidenstraße: Usbekistan. Stuttgart 1995.

Kauz, Ralph (Hg.): Aspects of the Maritime Silk Road: From the Persian Gulf to the East China Sea. Wiesbaden 2010.

Keller, Dominik & Schorta, Regula (Hg.): Fabulous Creatures from the Desert Sand. Central Asian Woolen Textiles from the 2nd Century BC to the 2nd Century AD. (Riggisberger Berichte 10) Riggisberg 2001.

Keyes, Donald D.: From Desert and Oasis: Arts of the People of Central Asia. Athen 1998.

Kiechel, Samuel: Kurzer Bericht und Beschreibung meiner gethanen Reys. Bearbeitet von Hartmut Prottung: Die Reisen des Samuel Kiechel 1885–1889. München 1987.

Kieschnick, John: The Impact of Buddhism on Chinese Material Culture. Princeton 2003.

Klimkeit, Hans-Joachim: Die Begegnung von Christentum, Gnosis und Buddhismus an der Seidenstraße. Opladen 1986.

– Die Seidenstraße: Handelsweg und Kulturbrücke zwischen Morgen- und Abendland. Köln 1988.

– (Hg.): Japanische Studien zur Kunst der Seidenstraße. Köln 1988.

Knobloch, Edgar: Monuments of Central Asia: A Guide to the Archaeology, Art, and Architecture of Turkestan. London 2001.

Kuhn, Dieter (Hg.): Chinas goldenes Zeitalter: Die Tang-Dynastie (618–907 n. Chr.) und das kulturelle Erbe der Seidenstraße. Heidelberg 1993.

Kurita, Isao: Gandharan Art. Tokyo 2003.

Kuzmina, Elena E. & Mair, Victor H. (Hg.): The Prehistory of the Silk Road. Philadelphia 2008.

Le Coq, Albert von: Auf Hellas Spuren in Ostturkestan. Leipzig 1926.

Legge, James: A Record of Buddhistic Kingdoms Being an Account by the Chinese Monk Fa-Hien of his Travels in India and Ceylon. Oxford 1886.

Li Jian (Hg.): The Glory of the Silk Road: Art from Ancient China. Dayton 2003.

Lieu, Samuel N. C.: Manicheism in the Later Roman Empire and Medieval China: A Historical Survey. Manchester 1985.

Liu Xinru: Ancient India and Ancient China: Trade and Religious Exchanges AD 1–600. Delhi 1988.

– The Silk Road in World History. Oxford 2009.

Linduff, Katheryn (Hg.): Silk Road Exchange in China. (Sino-Platonic Papers 142) Philadelphia 2004.

Münkler, Marina: Erfahrung des Fremden. Die Beschreibung Ostasiens in den Augenzeugenberichten des 13. und 14. Jahrhunderts. Berlin 2000.

Nebenzahl, Kenneth: Mapping the Silk Road and Beyond: 2000 Years of Exploring the East. Berlin 2004.

Needham, Joseph (Hg.): Science and Civilisation in China. Cambridge seit 1954.

Ning Qiang: Art, Religion, and Politics in Medieval China: The Dunhuang Cave of the Zhai Family. Hawaii 2004.

Otavsky, Karel (Hg.): Entlang der Seidenstraße: Frühmittelalterliche Kunst zwischen Persien und China in der Abegg-Stiftung. (Riggisberger Berichte 6) Riggisberg 1998.

Pegolotti, Francisco Balducci: Libro di divertimenti di paesi. Übersetzt und bearbeitet von Henry Yule & Henri Cordier in: Cathay and the Way Thither. (Bd. 3, Hakluyt Society II, 37) London 1914.

Plano Carpini, Johannes von: Historia Mongalorum. Übersetzt und erläutert von Felicitas Schmieder: Kunde von den Mongolen 1245–1247. (Fremde Kulturen in alten Berichten 4) Sigmaringen 1997.

Polo, Marco: Divisament dou monde. Übersetzt und bearbeitet von A. C. Moule & Paul Pelliot: The Description of the World. London 1938.

Pordenone, Odorich von: Relatio. Übersetzt und bearbeitet von Volker Reichert: Die Reise des seligen Odorich von Pordenone nach Indien und China. Heidelberg 1987.

Ptak, Roderich: Die maritime Seidenstraße: Küstenräume, Seefahrt und Handel in vorkolonialer Zeit. München 2007.

Ptak, Roderich & Rothermund, Dietmar (Hg.): Emporia, Commodities and Entrepreneurs in Asian Maritime Trade. (Beiträge zur Südasienforschung 141) Stuttgart 1991.

Reichert, Folker E.: Begegnungen mit China: Die Entdeckung Ostasiens im Mittelalter. (Beiträge zur Geschichte und Quellenkunde des Mittelalters 15) Sigmaringen 1992.

Rhie, Marylin Martin: Early Buddhist Art of China and Central Asia. (Handbuch der Orientalistik 12.2) Leiden 2002.

Richtsfeld, Bruno J. & Newid, Mehr-Ali & Ono, Kazuko (Hg.): Kunst des Buddhismus entlang der Seidenstraße. München 1992.

Rossabi, Morris: China and Inner Asia: From 1368 to the Present Day. London 1975.

Rubruk, Wilhelm von: Itinerarium. Übersetzt und bearbeitet von Friedrich Risch: Reise zu den Mongolen 1253-1255. Leipzig 1934.

Schafer, Edward H.: The Golden Peaches of Samarkand: A Study of T'ang Exotics. Berkeley, Los Angeles 1963.

Schlageter, Jürg: Zentralasien: Von Marx zu Mohammed. Berlin 2003.

Schmieder, Felicitas: Europa und die Fremden: Die Mongolen im Urteil des Abendlandes vom 13. bis in das 15. Jahrhundert. (Beiträge zur Geschichte und Quellenkunde des Mittelalters 16) Sigmaringen 1994.

Selbitschka, Armin: Prestigegüter entlang der Seidenstraße? (Asiatische Forschungen 154) Wiesbaden 2011.

Sievers, Eric W.: The Post-Sovjet Decline of Central Asia. London 2003.

Sinor, Denis (Hg.): The Cambridge History of Early Inner Asia. Cambridge 1990.

Stein, Aurel: Ancient Khotan. London 1907.

Steinbach, Udo & Gumppenberg, Marie-Carin von (Hg.): Zentralasien: Geschichte, Politik, Wirtschaft. Ein Lexikon. München 2004.

Tanabe, Katsumi: Silk Road Coins: The Hirayama Collection. Kamakura 1993.

Tracy, James D. (Hg.): The Rise of Merchant Empires: Long-Distance Trade in the Early Modern World. Cambridge 1990.

Tucker, Jonathan: The Silk Road: Art and History. Chicago 2002.

Wenzel, Marian: Echoes of Alexander the Great: Silk Route Portraits from Gandhara. London 2000.

Whitfield, Susan: Life along the Silk Road. Berkeley, Los Angeles 1999.

– Aurel Stein on the Silk Road. London 2004.

– (Hg.): The Silk Road: Trade, Travel, War and Faith. London 2004.

Wieczorek, Alfried (Hg.): Ursprünge der Seidenstraße: Mythos und Geschichte. Berlin 2007.

Wood, Frances: The Silk Road: Two Thousand Years in the Heart of Asia. Berkeley 2002.

Wriggin, Sally Hovey: The Silk Road Journey with Xuanzang. Boulder 2004.

Wu Dunfu: Footprints of Foreign Explorers on the Silk Road. Beijing 2005.

Zieme, Peter (Hg.): Turfanforschung. Berlin 2002.